分野別 小学入試練習帳 ジュニアウォッチャー

1．点・線図形	小学校入試で出題頻度の高い『点・線図形』の模写を、難易度の低いものから段階別に幅広く練習することができるように構成。
2．座標	図形の位置模写という作業を、難易度の低いものから段階別に練習できるように構成。
3．パズル	様々なパズルの問題を難易度の低いものから段階別に練習できるように構成。
4．同図形探し	小学校入試で出題頻度の高い、同図形選びの問題を繰り返し練習できるように構成。
5．回転・展開	図形などを回転、または展開したとき、形がどのように変化するかを学習し、理解を深められるように構成。
6．系列	数、図形などの様々な系列問題を、難易度の低いものから段階別に練習できるように構成。
7．迷路	迷路の問題を繰り返し練習できるように構成。
8．対称	対称に関する問題を４つのテーマに分類し、各テーマごとに問題を段階別に練習できるように構成。
9．合成	図形の合成に関する問題を、難易度の低いものから段階別に練習できるように構成。
10．四方からの観察	もの（立体）を様々な角度から見て、どのように見えるかを推理する問題を段階別に整理し、１つの形式で複数の問題を練習できるように構成。
11．いろいろな仲間	ものや動物、植物の共通点を見つけ、分類していく問題を中心に構成。
12．日常生活	日常生活における様々な問題を６つのテーマに分類し、各テーマごとに一つの問題形式で複数の問題を練習できるように構成。
13．時間の流れ	『時間』に着目し、様々なものごとは、時間が経過するとどのように変化するのかということを学習し、理解できるように構成。
14．数える	様々なものを『数える』ことから、数の多少の判定やかけ算、わり算の基礎までを練習できるように構成。
15．比較	比較に関する問題を５つのテーマ（数、高さ、長さ、量、重さ）に分類し、各テーマごとに問題を段階別に練習できるように構成。
16．積み木	数える対象を積み木に限定した問題集。
17．言葉の音遊び	言葉の音に関する問題を５つのテーマに分類し、各テーマごとに問題を段階別に練習できるように構成。
18．いろいろな言葉	表現力をより豊かにするいろいろな言葉として、擬態語や擬声語、同音異義語、反意語、数詞を取り上げた問題集。
19．お話の記憶	お話を聴いてその内容を記憶、理解し、設問に答える形式の問題集。
20．見る記憶・聴く記憶	「見て憶える」「聴いて憶える」という『記憶』分野に特化した問題集。
21．お話作り	いくつかの絵を元にしてお話を作る練習をして、想像力を養うことができるように構成。
22．想像画	描かれてある形や景色に好きな絵を描くことにより、想像力を養うことができるように構成。
23．切る・貼る・塗る	小学校入試で出題頻度の高い、はさみやのりなどを用いた巧緻性の問題を繰り返し練習できるように構成。
24・絵画	小学校入試で出題頻度の高い、お絵かきやぬり絵などクレヨンやクーピーペンを用いた巧緻性の問題を繰り返し練習できるように構成。
25．生活巧緻性	小学校入試で出題頻度の高い日常生活の様々な場面における巧緻性の問題集。
26．文字・数字	ひらがなの清音、濁音、拗音、拗長音、促音と１～20までの数字に焦点を絞り、練習できるように構成。
27．理科	小学校入試で出題頻度が高くなりつつある理科の問題を集めた問題集。
28．運動	出題頻度の高い運動問題を種目別に分けて構成。
29．行動観察	項目ごとに問題提起をし、「このような時はどうか、あるいはどう対処するのか」の観点から問いかける形式の問題集。
30．生活習慣	学校から家庭に提起された問題と思って、一問一問絵を見ながら話し合い、考える形式の問題集。

31．推理思考	数、量、言語、常識（含理科、一般）など、諸々のジャンルから問題を構成し、近年の小学校入試問題傾向に沿って構成。
32．ブラックボックス	箱や筒の中を通ると、どのようなお約束でどのように変化するかを推理・思考する問題集。
33．シーソー	重さの違うものをシーソーに乗せた時どちらに傾くのか、またどうすればシーソーは釣り合うのかを思考する基礎的な問題集。
34．季節	様々な行事や植物などを季節別に分類できるように知識をつける問題集。
35．重ね図形	小学校入試で頻繁に出題されている「図形を重ね合わせてできる形」についての問題を集めました。
36．同数発見	様々な物を数え「同じ数」を発見し、数の多少の判断や数の認識の基礎を学べるように構成した問題集。
37．選んで数える	数の学習の基本となる、いろいろなものの数を正しく数える学習を行う問題集。
38．たし算・ひき算１	数字を使わず、たし算とひき算の基礎を身につけるための問題集。
39．たし算・ひき算２	数字を使わず、たし算とひき算の基礎を身につけるための問題集。
40．数を分ける	数を等しく分ける問題です。等しく分けたときに余りが出るものもあります。
41．数の構成	ある数がどのような数で構成されているか学んでいきます。
42．一対多の対応	一対一の対応から、一対多の対応まで、かけ算の考え方の基礎学習を行います。
43．数のやりとり	あげたり、もらったり、数の変化をしっかりと学びます。
44．見えない数	指定された条件から数を導き出します。
45．図形分割	図形の分割に関する問題集。パズルや合成の分野にも通じる様々な問題を集めました。
46．回転図形	「回転図形」に関する問題集。やさしい問題から始め、いくつかの代表的なパターンから、段階を踏んで学習できるよう編集されています。
47．座標の移動	「マス目の指示通りに移動する問題」と「指示された数だけ移動する問題」を収録。
48．鏡図形	鏡で左右反転させた時の見え方を考えます。平面図形から立体図形、文字、絵まで。
49．しりとり	すべての学習の基礎となる「言葉」を学ぶこと、特に「語彙」を増やすことに重点をおき、さまざまなタイプの「しりとり」問題を集めました。
50．観覧車	観覧車やメリーゴーラウンドなどを舞台にした「回転系列」の問題集。「推理思考」分野の問題ですが、要素として「図形」や「数量」も含みます。
51．運筆①	鉛筆の持ち方を学び、点線なぞり、お手本を見ながらの模写で、線を引く練習をします。
52．運筆②	運筆①からさらに発展し、「欠所補完」や「迷路」などを楽しみながら、より複雑な鉛筆運びを習得することを目指します。
53．四方からの観察 積み木編	積み木を使用した「四方からの観察」に関する問題を練習できるように構成。
54．図形の構成	見本の図形がどのような部分によって形づくられているかを考えます。
55．理科②	理科的知識に関する問題を集中して練習する「常識」分野の問題集。
56．マナーとルール	道路や駅、公共の場でのマナー、安全や衛生に関する常識を学べるように構成。
57．置き換え	さまざまな具体的・抽象的事象を記号で表す「置き換え」の問題を扱います。
58．比較②	長さ・高さ・体積・数などを数学的な知識を使わず、論理的に推測する「比較」の問題を練習できるように構成。
59．欠所補完	線と線のつながり、欠けた絵に当てはまるものなどを求める「欠所補完」に取り組める問題集です。
60．言葉の音（おん）	しりとり、決まった順番の音をつなげるなど、「言葉の音」に関する問題に取り組める練習問題集です。

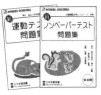

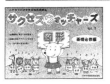

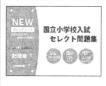

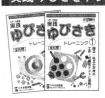

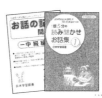

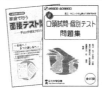

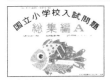

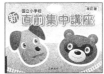

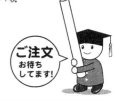

図書カード 1000 円分プレゼント

ご記入日　　年　月　日

☆国・私立小学校受験アンケート☆

※可能な範囲でご記入下さい。選択肢は○で囲んで下さい。

〈小学校名〉＿＿＿＿＿＿＿＿＿＿　〈お子さまの性別〉男・女　〈誕生月〉＿＿月

〈その他の受験校〉（複数回答可）＿＿＿＿＿＿＿＿＿＿＿＿＿＿＿＿＿＿

〈受験日〉①：＿＿月＿＿日〈時間〉＿＿時＿＿分～＿＿時＿＿分

②：＿＿月＿＿日〈時間〉＿＿時＿＿分～＿＿時＿＿分

〈受験者数〉男女計＿＿名（男子＿＿名　女子＿＿名）

〈お子さまの服装〉＿＿＿＿＿＿＿＿＿＿＿＿＿＿＿＿

〈入試全体の流れ〉（記入例）準備体操→行動観察→ペーパーテスト

＿＿＿＿＿＿＿＿＿＿＿＿＿＿＿＿＿＿＿＿＿＿＿＿

Eメールによる情報提供

日本学習図書では、Eメールでも入試情報を募集しております。

下記のアドレスに、アンケートの内容をご入力の上、メールをお送り下さい。

ojuken@nichigaku.jp

●行動観察　（例）好きなおもちゃで遊ぶ・グループで協力するゲームなど

〈実施日〉＿＿月＿＿日〈時間〉＿＿時＿＿分～＿＿時＿＿分〈着替え〉□有　□無

〈出題方法〉□肉声　□録音　□その他（　　　　　）〈お手本〉□有　□無

〈試験形態〉□個別　□集団（　　人程度）

〈内容〉

□自由遊び

＿＿＿＿＿＿＿＿＿＿＿＿＿＿＿＿

□グループ活動

＿＿＿＿＿＿＿＿＿＿＿＿＿＿＿＿

□その他

＿＿＿＿＿＿＿＿＿＿＿＿＿＿＿＿

〈会場図〉

●運動テスト（有・無）　（例）跳び箱・チームでの競争など

〈実施日〉＿＿月＿＿日〈時間〉＿＿時＿＿分～＿＿時＿＿分〈着替え〉□有　□無

〈出題方法〉□肉声　□録音　□その他（　　　　　）〈お手本〉□有　□無

〈試験形態〉□個別　□集団（　　人程度）

〈内容〉

□サーキット運動

□走り　□跳び箱　□平均台　□ゴム跳び

□マット運動　□ボール運動　□なわ跳び

□クマ歩き

□グループ活動＿＿＿＿＿＿＿＿＿＿＿＿

□その他＿＿＿＿＿＿＿＿＿＿＿＿＿＿

〈会場図〉

●知能テスト・口頭試問

〈実施日〉＿＿月＿＿日〈時間〉＿＿時＿＿分 ～ ＿＿時＿＿分〈お手本〉□有 □無

〈出題方法〉 □肉声 □録音 □その他（　　　　　　）〈問題数〉＿＿枚 ＿＿問

分野	方法	内容	詳細・イラスト
（例） お話の記憶	☑筆記 □口頭	動物たちが待ち合わせをする話	（あらすじ） 動物たちが待ち合わせをした。最初にウサギさんが来た。次にイヌくんが、その次にネコさんが来た。最後にタヌキくんが来た。 （問題・イラスト） ３番目に来た動物は誰か 
お話の記憶	□筆記 □口頭		（あらすじ） （問題・イラスト）
図形	□筆記 □口頭		
言語	□筆記 □口頭		
常識	□筆記 □口頭		
数量	□筆記 □口頭		
推理	□筆記 □口頭		
その他	□筆記 □口頭		

●制作　（例）ぬり絵・お絵かき・工作遊びなど

〈実施日〉＿＿月＿＿日　〈時間〉＿＿時＿＿分　～　＿＿時＿＿分

〈出題方法〉　□肉声　□録音　□その他（　　　　　　）　〈お手本〉□有　□無

〈試験形態〉　□個別　□集団（　　　人程度）

材料・道具	制作内容
□ハサミ □のり（□つぼ　□液体　□スティック） □セロハンテープ □鉛筆　□クレヨン（　色） □クーピーペン（　色） □サインペン（　色）□ □画用紙（□ A4　□ B4　□ A3 　　□その他：　　　　　） □折り紙　□新聞紙　□粘土 □その他（　　　　　　）	□切る　□貼る　□塗る　□ちぎる　□結ぶ　□描く　□その他（　　　　　　） タイトル：＿＿＿＿＿＿＿＿＿＿

●面接

〈実施日〉＿＿月＿＿日　〈時間〉＿＿時＿＿分　～　＿＿時＿＿分〈面接担当者〉＿＿名

〈試験形態〉□志願者のみ（　）名　□保護者のみ　□親子同時　□親子別々

〈質問内容〉

□志望動機　□お子さまの様子

□家庭の教育方針

□志望校についての知識・理解

□その他（　　　　　　　　）

（詳　細）

・

・

・

・

※試験会場の様子をご記入下さい。

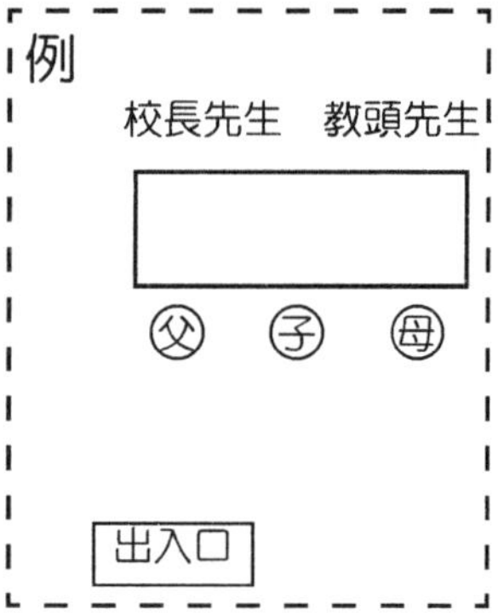

●保護者作文・アンケートの提出（有・無）

〈提出日〉　□面接直前　□出願時　□志願者考査中　□その他（　　　　　　）

〈下書き〉　□有　□無

〈アンケート内容〉

（記入例）当校を志望した理由はなんですか（150 字）

●説明会（□有　□無）〈開催日〉　月　日〈時間〉　時　分　～　時　分

〈上履き〉　□要　□不要　〈願書配布〉　□有　□無　〈校舎見学〉　□有　□無

〈ご感想〉

●参加された学校行事（複数回答可）

公開授業〈開催日〉　月　日〈時間〉　時　分　～　時　分

運動会など〈開催日〉　月　日〈時間〉　時　分　～　時　分

学習発表会・音楽会など〈開催日〉　月　日〈時間〉　時　分　～　時　分

〈ご感想〉

※是非参加したほうがよいと感じた行事について

●受験を終えてのご感想、今後受験される方へのアドバイス

※対策学習（重点的に学習しておいた方がよい分野）、当日準備しておいたほうがよい物など

＊＊＊＊＊＊＊＊＊＊＊＊＊　ご記入ありがとうございました　＊＊＊＊＊＊＊＊＊＊＊＊＊

必要事項をご記入の上、ポストにご投函ください。

なお、本アンケートの送付期限は入試終了後３ヶ月とさせていただきます。また、入試に関する情報の記入量が当社の基準に満たない場合、謝礼の送付ができないことがございます。あらかじめご了承ください。

ご住所：〒

お名前：　　　　メール：

ＴＥＬ：　　　　ＦＡＸ：

アンケートのご記入
ありがとうございました

ご記入頂いた個人に関する情報は、当社にて厳重に管理致します。弊社の個人情報取り扱いに関する詳細は、www.nichigaku.jp/policy.php の「個人情報の取り扱い」をご覧下さい。

目指せ！合格！

家庭学習ガイド

ノートルダム清心女子大学附属小学校

ペーパー　運動　行動観察　保護者面接

入試情報

出題形態：ペーパー
面　　接：あり（保護者面接）
出題領域：ペーパーテスト（記憶・数量・図形・常識）、運動、行動観察

受験にあたって

2022年度の入学試験では、ペーパーテスト、運動、行動観察、保護者面接が行われました。

ペーパーテストは、**お話の記憶**、**数量**、**図形**、**運動**、**常識**の分野から出題されています。出題内容は2021年度と似たような問題が出題されていました。

試験は、生活体験の有無により差が出る内容になっています。ペーパー学習だけでなく、体験を1つひとつ積み重ねていくことで、お子さまが生きた知識を獲得し、理解を深めていけるようにしましょう。机に向かって改まって学習するだけでなく、親子で言葉遊びをしたり、物を数える体験をさせるなど、ふだんの生活の中のありふれた遊びや作業を通して学ぶことを心がけてください。具体的なものを使用した合成・分割などの基本を学ぶことで、形に対するひらめきが生まれるように遊びの中でも工夫して学習を進めていくとよいでしょう。

保護者面接では例年、通学方法や志願者の長所・短所、家庭内の約束事などが聞かれています。平素から家庭でこれらの話題について話し合う機会を持ち、親子の間で意見を一致させておきましょう。いわゆるマニュアル通りの回答をするのではなく、親子の生活での具体例などを盛りこみ、ご家庭の様子を伝えられれば、学校側に好印象を与えることができるでしょう。いかに上手に面接を受けることができたとしても、お子さまを通して家庭での教育や指導状況がみられています。日頃の生活の中でも教育を大切に、家庭での日々を過ごしてください。

目指せ！合格！

家庭学習ガイド
就実小学校

ペーパー　絵画　行動観察　運動　保護者面接

入試情報

出題形態：ペーパー
面　　接：あり（保護者面接）
出題領域：ペーパーテスト（記憶、常識、言語、数量、図形など）、絵画、行動観察、運動

受験にあたって

当校は「グローバル社会の担い手として、未来を作る就実の子を育む」とし、「かしこい子・やさしい子・たくましい子・誠実に生きる子の育成を目指す」として、平成27年4月に開校した学校です。当学園は、幼稚園からこども園、中学・高校、短期大学、大学・大学院まであります。そのような環境下において、小学校の進路指導はしっかり実践されており、就実中学はもとより、例年、他中学への進学者も多数輩出しています。また、保護者の方の負担軽減や安心して我が子を通学させられるようにと、給食が完備され、保護者の方を対象とした試食会も実施されています。

小学校では、「あいさつ」「あんぜん」「あとしまつ」「ありがとう」「こころゆたかに」をモットーに、「状況判断力・思考力表現力」「リーダーシップとフォロワーシップの育成」を目指しています。

これら謳っている内容をベースに適性検査を分析すると、出題内容にもこうしたことが随所に伺うことができ、重視した課題であることが分かります。

入学試験は、ペーパーテスト、絵画、行動観察、運動、保護者面接が行われ、広範囲から観察していることが分かります。

具体的に、ペーパーテストでは、お話の記憶、言語、数量、図形、常識が出題されています。難易度は、一部を除いてそれほど高い内容はありませんが、基本をしっかり身につけ、取りこぼしをしないようにしましょう。

図形問題に関しては、具体物などを使用し、論理的思考力を強化すること。言語に関しては日常会話、読み聞かせを利用し、お子さまの語彙数の増加に努めましょう。単に言葉の習得を目指すのではなく、年齢にあった言葉の習得に注意してください。同時に、人の話を最後までしっかり聞く習慣を身につけましょう。これは保護者の方に対しても同じです。

また、次年度より受験者の個別面接が予定されているようですので、学校が発信する情報に注意してください。その他の注意点としては、受験時は筆記具（Bの鉛筆3本）、使い慣れたハサミ、クレヨン（12－16色）を持参しなければなりません。これら、使用するものは早目に用意をし、使い慣れておくようにしましょう。

ノートルダム清心女子大学附属小学校
就実小学校

過去問題集

〈はじめに〉

現在、少子化が叫ばれているにもかかわらず、私立・国立小学校の入学試験には一定の応募数があります。入試は、ただやみくもに学習するだけでは成果を得ることはできません。志望校の過去における出題傾向を研究・把握した上で、練習を進めていくこと、その上で試験までに志願者の不得意分野を克服していくことが必須条件です。そこで、本問題集は小学校を受験される方々に、志望校の出題傾向をより詳しく知って頂くために、過去に遡り出題頻度の高い問題を結集いたしました。最新のデータを含む精選された過去問題集で実力をお付けください。

〈本書ご使用方法〉

◆出題者は出題前に一度問題を通読し、出題内容などを把握した上で、〈 準 備 〉の欄に表記してあるものを用意してから始めてください。
◆お子さまに絵の頁を渡し、出題者が問題文を読む形式で出題してください。問題を読んだ後で、絵の頁を渡す問題もありますのでご注意ください。
◆「分野」は、問題の分野を表しています。弊社の問題集の分野に対応していますので、復習の際の目安にお役立てください。
◆一部の描画や工作、常識等の問題については、解答が省略されているものがあります。お子さまの答えが成り立つか、出題者が各自でご判断ください。
◆〈 時 間 〉につきましては、目安とお考えください。
◆解答右端の［○年度］は、問題の出題年度です。［2022年度］は、「2021年度の秋から冬にかけて行われた2022年度入学志望者向けの考査で出題された問題」という意味です。
◆【おすすめ問題集】は各問題の基礎力養成や実力アップにご使用ください。

〈本書ご使用にあたっての注意点〉

◆文中に **この問題の絵は縦に使用してください。** と記載してある問題の絵は縦にしてお使いください。
◆〈 準 備 〉の欄で、クレヨンと表記してある場合は12色程度のものを、画用紙と表記してある場合は白い画用紙をご用意ください。
◆文中に **この問題の絵はありません。** と記載してある問題には絵の頁がありませんので、ご注意ください。なお、問題の絵の右上にある番号が連番でなくても、中央下の頁番号が連番の場合は落丁ではありません。
下記一覧表の●がついている問題は絵がありません。

問題1	問題2	問題3	問題4	問題5	問題6	問題7	問題8	問題9	問題10
						●	●	●	
問題11	問題12	問題13	問題14	問題15	問題16	問題17	問題18	問題19	問題20
						●	●		
問題21	問題22	問題23	問題24	問題25	問題26	問題27	問題28	問題29	問題30
					●				
問題31	問題32	問題33	問題34	問題35	問題36	問題37	問題38	問題39	問題40
問題41	問題42	問題43	問題44	問題45	問題46	問題47	問題48	問題49	
				●	●	●	●	●	

〈ノートルダム清心女子大学附属小学校〉

◎学習効果を上げるため、前掲の「家庭学習ガイド」をお読みになり、各校が実施する入試の出題傾向をよく把握した上で問題に取り組んでください。
※冒頭の「本書ご使用方法」「本書ご使用にあたっての注意点」も併せてご覧ください。

2022年度の最新問題

問題1　分野：お話の記憶

〈準備〉　クーピーペン（黒）

〈問題〉　大きなお山のふもとに住んでいる、かわいい５歳の女の子さとちゃんが、今日も元気よく起きてきました。お山やお家の周りは、真っ白な雪が積もっています。昨夜はたくさんの雪が降ったので、周りのお山が一段と大きく見えます。
さとちゃんのお家は、おじいさんと、おばあさん、お父さんとお母さん、ふもとの学校に通っている４年生のお兄さん、体が大きくて、毛がふさふさしている犬のコロの６人と１匹の家族です。
今日は晴れてとても良い天気です。さとちゃんはおじいさんにそりを出してもらい、そり滑りに行きました。コロも一緒についてきました。しばらく遊んでいるとコロが吠えだしました。向こうの山の方からクマやリス、タヌキ、キツネたちがやってきました。さとちゃんは山の動物たちと仲が良いのです。「どうしたの」と聞くと、クマさんが「寝てばかりいると退屈でね」と答えました。するとキツネさんが「さとちゃん僕たちと遊ぼうよ」と言いました。クマさんが大きなそりを持ってきたので、そりで遊ぶことにしました。大きなそりにはクマさんとコロとさとちゃんが乗り、さとちゃんのそりにはキツネさんとタヌキさんとリスさんが乗りました。一度滑ったとき、キツネさんが「さとちゃんのそりはそんなに大きくないので、狭くて窮屈だよ」と言いました。それで、大きなそりにはリスさんが移ってきて、さとちゃんがリスさんを抱っこして乗ることになりました。
しばらくすると、お兄さんが学校から帰ってきたので、お兄さんも一緒にそり滑りをすることになりました。大きなそりにはクマさんとコロとさとちゃん、さとちゃんのそりにはキツネさんとリスさん、お兄さんのそりには、タヌキさんが乗り、競争することになりました。１番早かったのはお兄さんのそりで、次はクマさんのそりでした。「今日は楽しかったね。また遊ぼうね」と言って、みんなはそれぞれお家へ帰りました。

（問題１の絵を渡す）
①さとちゃんの家族はどれでしょうか。○を付けてください。
②窮屈だと言って、ほかのそりに移った動物は誰でしょうか。○を付けてください。
③お兄さんのそりにはどの動物が乗りましたか。○をつけてください。さとちゃんのそりに乗った動物には△を付けてください。
④そり滑り競争で１番最後にゴールしたのは誰が乗っていたそりでしょうか。その動物に○をつけてください。

〈時間〉　各15秒

問題2　分野：記憶（見る記憶）

〈準備〉　クーピーペン（黒）

〈問題〉　（問題２－１の絵を15秒見せた後、２－２の絵と交換して、問題を出す。）
この絵をしっかり見て覚えてください。
先ほど見た絵にあったものはどれでしょうか。全部に○をつけてください。

〈時間〉　15秒

問題3　分野：数量（数の比較）

〈準備〉　クーピーペン（黒）

〈問題〉　それぞれ２つの四角で、数の多い方に○をつけてください。

〈時間〉　30秒

問題4　分野：図形（重ね図形）

〈準備〉　クーピーペン（黒）

〈問題〉　絵を見てください。重なっているものを下から探して○をつけてください。

〈時間〉　45秒

問題5　分野：図形（図形の合成）

〈準備〉　クーピーペン（黒）

〈問題〉　左側の形を作るには、右側のどの形を組み合わせるとよいでしょうか。その形に○をつけてください。

〈時間〉　2分

家庭学習のコツ①　「先輩ママのアドバイス」を読みましょう！

本書冒頭の「先輩ママのアドバイス」には、実際に試験を経験された方の貴重なお話が掲載されています。対策学習への取り組み方だけでなく、試験場の雰囲気や会場での過ごし方、お子さまの健康管理、家庭学習の方法など、さまざまなことがらについてのアドバイスもあります。先輩ママの体験談、アドバイスに学び、ステップアップを図りましょう！

問題6　分野：常識（違う仲間）

〈準 備〉　クーピーペン（黒）

〈問 題〉　それぞれの段の中に隠れている仲間はずれを見つけて、その絵に○をつけてください。

〈時 間〉　20秒

問題7　分野：運動

〈準 備〉　ボール（この問題は複数人で行う）

〈問 題〉　**この問題の絵はありません。**
このボールでドッチボールをしましょう。

〈時 間〉　適宜

問題8　分野：行動観察

〈準 備〉　積み木

〈問 題〉　**この問題の絵はありません。**
１人で行う
・右手を挙げてください。
・左手を挙げてください。

複数人で行う（協同作業）
・今からここにある積み木を使って、みんなで協力しながらお城を作ってください。

〈時 間〉　適宜

問題9　分野：面接（保護者）

〈問 題〉　**この問題の絵はありません。**
質問
・志望理由
・どのようなお子さんに育ってほしいと思いますか。
・教育で重視していることはどのようなことか教えてください。
・お子さんにアレルギーはありますか。

〈時 間〉　即答

家庭学習のコツ②　「家庭学習ガイド」はママの味方！

問題演習を始める前に、試験の概要をまとめた「家庭学習ガイド（本書カラーページに掲載）」を読みましょう。「家庭学習ガイド」には、応募者数や試験科目の詳細のほか、学習を進める上で重要な情報が掲載されています。それらの情報で入試の傾向をつかみ、学習の方針を立ててから、対策学習を始めてください。

2021年度以前の過去問題

問題10　分野：お話の記憶

〈準備〉　クーピーペン（黒）

〈問題〉　今日は、動物村の運動会の日です。朝から、青空のよいお天気だったので、ウサギのミミちゃんはうれしくなりました。運動会をする広場に行くとクマさんが「おはようミミちゃん。いいお天気でよかったね。ミミちゃんは今日何をするの？」「今日私はかけっこに出るの」と答えました。「ぼくは綱引きだよ」とクマさんは答えました。運動会が始まりました。最初は玉入れです。リスくんとサルくんは赤い玉を入れ、ネコさんとシカさんは白い玉を入れています。両方ともたくさん玉を入れましたが、どうやらリスくんとサルくんの方が多く入れたようです。次はかけっこです。ミミちゃんは、タヌキくん、リスくん、イヌさんといっしょに走って１着になりました。最後は綱引きです。くまさんチームはタヌキくん、イヌさん。サルくんチームはリスくんとシカさんとネコさんです。クマさんの力が強かったのであっという間にクマさんチームの勝ちになりました。するとサルくんが「ミミちゃん、こっちに入ってよ」とミミちゃんに頼みました。ミミちゃんがサルくんチームに入るといい勝負になりましたが、結局クマさんチームが勝ちました。

①お話に出てきた動物に○をつけてください。

〈時間〉　１分

［2021年度出題］

問題11　分野：数量（積み木）

〈準備〉　クーピーペン（黒）

〈問題〉　①②③それぞれの段の左の四角にある積み木の数だけ右の四角に○を書いてください。
④⑤左の２つのの四角にある積み木をあわせるといくつになりますか。右の四角にその数だけ○を書いてください。

〈時間〉　各30秒

［2021年度出題］

問題12　分野：数量（比較）

〈準備〉　クーピーペン（黒）

〈問題〉　①②それぞれの段の四角の中に描かれたものの中で、２番目に数が多いものに〇をつけてください。
③④それぞれの段の四角の中に描かれたものの中で、２番目に数が少ないものに〇をつけてください。

〈時間〉　各20秒

[2021年度出題]

問題13　分野：言語（しりとり）

〈準備〉　クーピーペン（黒）

〈問題〉　左の「鉛筆」からしりとりをした時、空いている四角には何の絵が入るでしょう。下の四角から選んで〇をつけてください。

〈時間〉　１分

[2021年度出題]

問題14　分野：図形（点・線図形）

〈準備〉　クーピーペン（黒）

〈問題〉　左の四角に描いてあるお手本のように右の四角の点を線でつないでください。

〈時間〉　各30秒

[2021年度出題]

問題15　分野：図形（合成）

〈準備〉　クーピーペン（黒）

〈問題〉　左の四角に描いてある影は、右の四角に描いてあるもののいくつかを重ねた影です。影になっているものを右の四角から選んで〇をつけてください。

〈時間〉　各20秒

[2021年度出題]

問題16　分野：運動

〈準備〉　平均台、ボール（ドッジボール用）

〈問題〉　①平均台を歩いて渡ってください。
②（7人程度のグループで行う。あらかじめ志願者1人ひとりの配置を適宜割り振っておく）
「転がしドッジボール」をします。枠の外の人が「オニ」になって、ボールを投げずに転がして向こう側のオニに渡します。枠の中の人の足にボールが当たったら、その人は外へ出てオニになり、ボールを転がした人と交代してください。ルールを守ってゲームをしましょう。

〈時間〉　適宜

[2021年度出題]

問題17　分野：行動観察

〈準備〉　紙コップ（約20個程度）

〈問題〉　この問題の絵はありません。
4人程度のグループになって、協力して、できるだけ高く紙コップのタワーを作ってください。

〈時間〉　5分

[2021年度出題]

問題18　分野：面接（保護者面接）

〈準備〉　なし

〈問題〉　この問題の絵はありません。
・当校への志願理由を教えてください。
・どんなお子さまですか。
・今、お子さまが夢中になっていることは何ですか。
・学校でお子さまがお友だちとトラブルになった場合、どのように対処されますか。

〈時間〉　5分

[2021年度出題]

問題19　分野：記憶（絵の記憶）

〈準 備〉 クーピーペン（黒）

〈問 題〉 （問題19－2の絵を伏せたまま、問題19－1の絵を見せる）
絵をよく見て覚えてください。
（20秒見せて伏せる）
（問題19－2の絵を見せる）
先に見せた絵にあったものに、○をつけてください。

〈時 間〉 30秒

［2020年度出題］

問題20　分野：数量（計数）

〈準 備〉 クーピーペン（黒）

〈問 題〉 **この問題の絵は縦に使用してください。**
それぞれの段の四角の中に描かれたものの中で、1番数が多いものに○をつけてください。

〈時 間〉 各20秒

［2020年度出題］

問題21　分野：常識（知識）

〈準 備〉 クーピーペン（黒）

〈問 題〉 絵を見てください。この中で水に沈むものに○をつけてください。

〈時 間〉 20秒

［2020年度出題］

問題22　分野：常識（理科）

〈準 備〉 クーピーペン（黒）

〈問 題〉 卵で産まれるものに○をつけてください。

〈時 間〉 1分

［2020年度出題］

問題23　分野：図形（合成）

〈準備〉　クーピーペン（黒）

〈問題〉　左の四角の中の図形を作るために必要なパーツを右の四角の中から２つ選んで○をつけてください。

〈時間〉　各20秒

［2020年度出題］

問題24　分野：図形（重ね図形）

〈準備〉　クーピーペン（黒）

〈問題〉　（問題24-１の絵を見せる）
①上の段を見てください。影が重なってできているのですが、何を重ねてできたものでしょうか。その重なっているものを下の四角から選んで○をつけてください。
（問題24-２の絵を見せる）
②も同様に答えてください。

〈時間〉　30秒

［2020年度出題］

問題25　分野：運動

〈準備〉　ボール（ドッジボール用）

〈問題〉　①準備運動：テスターの指示にしたがって、その場でケンパをする。
②（７人程度のグループで行う。あらかじめ志願者１人ひとりの配置を適宜割り振っておく）
「転がしドッジボール」をします。枠の外の人が「オニ」になって、ボールを投げずに転がして向こう側のオニに渡します。枠の中の人の足にボールが当たったら、その人は外へ出てオニになり、ボールを転がした人と交代してください。ルールを守ってゲームをしましょう。

〈時間〉　適宜

［2020年度出題］

問題26　分野：行動観察

〈準備〉　積み木（約20個程度）

〈問題〉　**この問題の絵はありません。**
４人程度のグループになって、協力して、積み木で立派なお城を作りましょう。

〈時間〉　適宜

［2020年度出題］

問題27　分野：記憶（絵の記憶）

〈準備〉　クーピーペン（黒）

〈問題〉　（問題27-２の絵を伏せたまま、問題27-１の絵を見せる）
絵をよく見て覚えてください。
（20秒見せて伏せる）
（問題27-２の絵を見せる）
先に見せた絵にあったものに、○をつけてください。

〈時間〉　30秒

［2019年度出題］

問題28　分野：言語（しりとり）

〈準備〉　クーピーペン（黒）

〈問題〉　上の段の絵は、左から右へしりとりでつながっています。真ん中の「？」部分に入るものを下の段の中から選んで、○をつけてください。

〈時間〉　20秒

［2019年度出題］

問題29　分野：数量（比較）

〈準備〉　クーピーペン（黒）

〈問題〉　それぞれの段の四角の中に描かれたものの中で、１番数が多いものに○を、１番少ないものに△をつけてください。

〈時間〉　各30秒

［2019年度出題］

問題30　分野：推理（欠所補完）

〈準備〉　クーピーペン（黒）

〈問題〉　それぞれのものの絵には、足りない部分があります。その足りない部分に○をつけてください。

〈時間〉　各10秒

［2019年度出題］

問題31　分野：図形（点つなぎ）

〈準備〉　クーピーペン（黒）

〈問題〉　左側の絵と同じになるように、右側の点をつないでください。

〈時間〉　１分

［2019年度出題］

問題32　分野：図形（同図形探し）

〈準備〉　クーピーペン（黒）

〈問題〉　左側にある絵と同じ絵を、右側の絵から選んで○をつけてください。

〈時間〉　各20秒

［2019年度出題］

問題33　分野：図形（積み木）

〈準備〉　クーピーペン（黒）

〈問題〉　上の段の絵で、積み木はいくつありますか、その数だけ下の段に○を書いてください。

〈時間〉　30秒

［2019年度出題］

問題 1

①

②

③

④

日本学習図書株式会社

問題 2 − 1

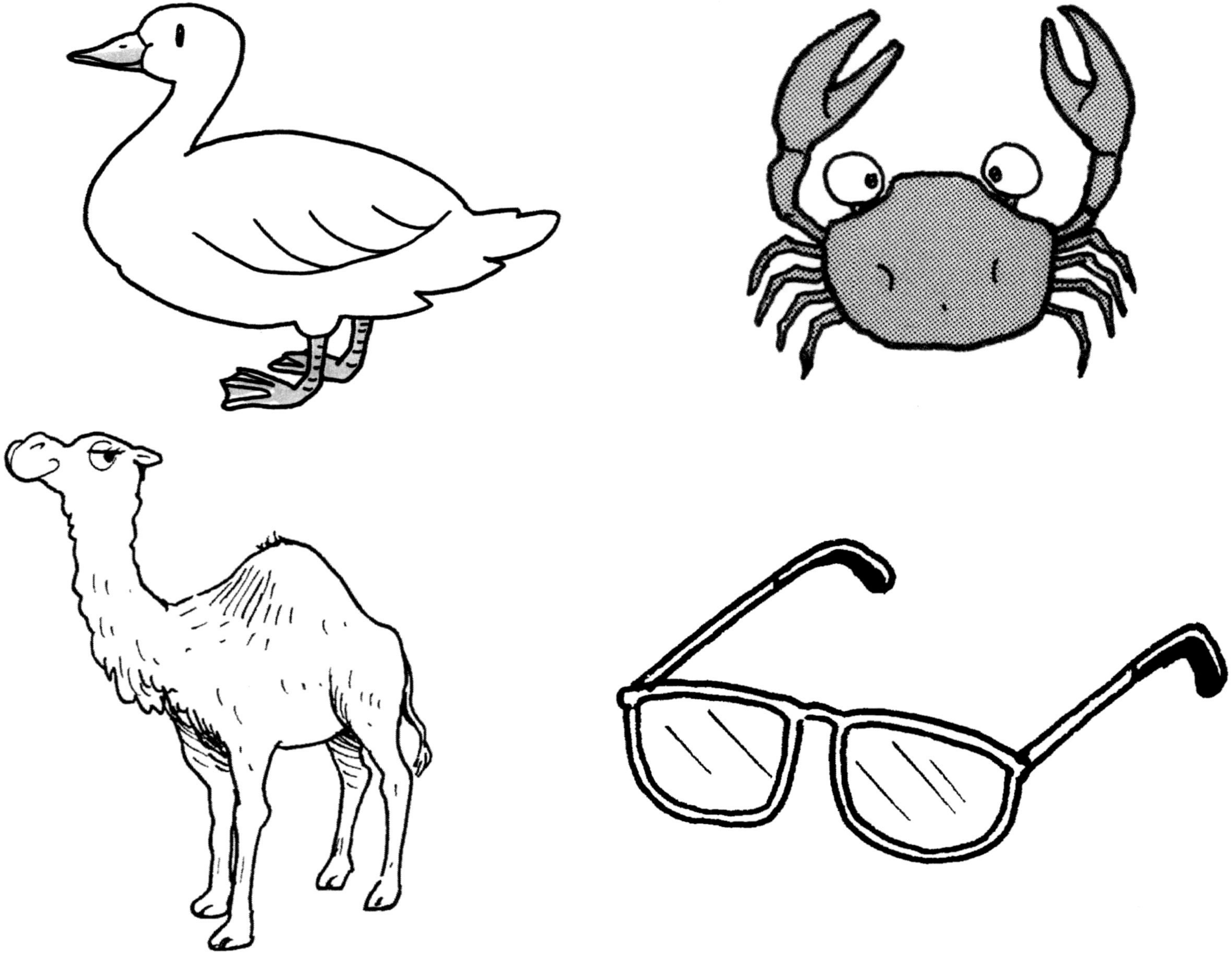

問題２－２

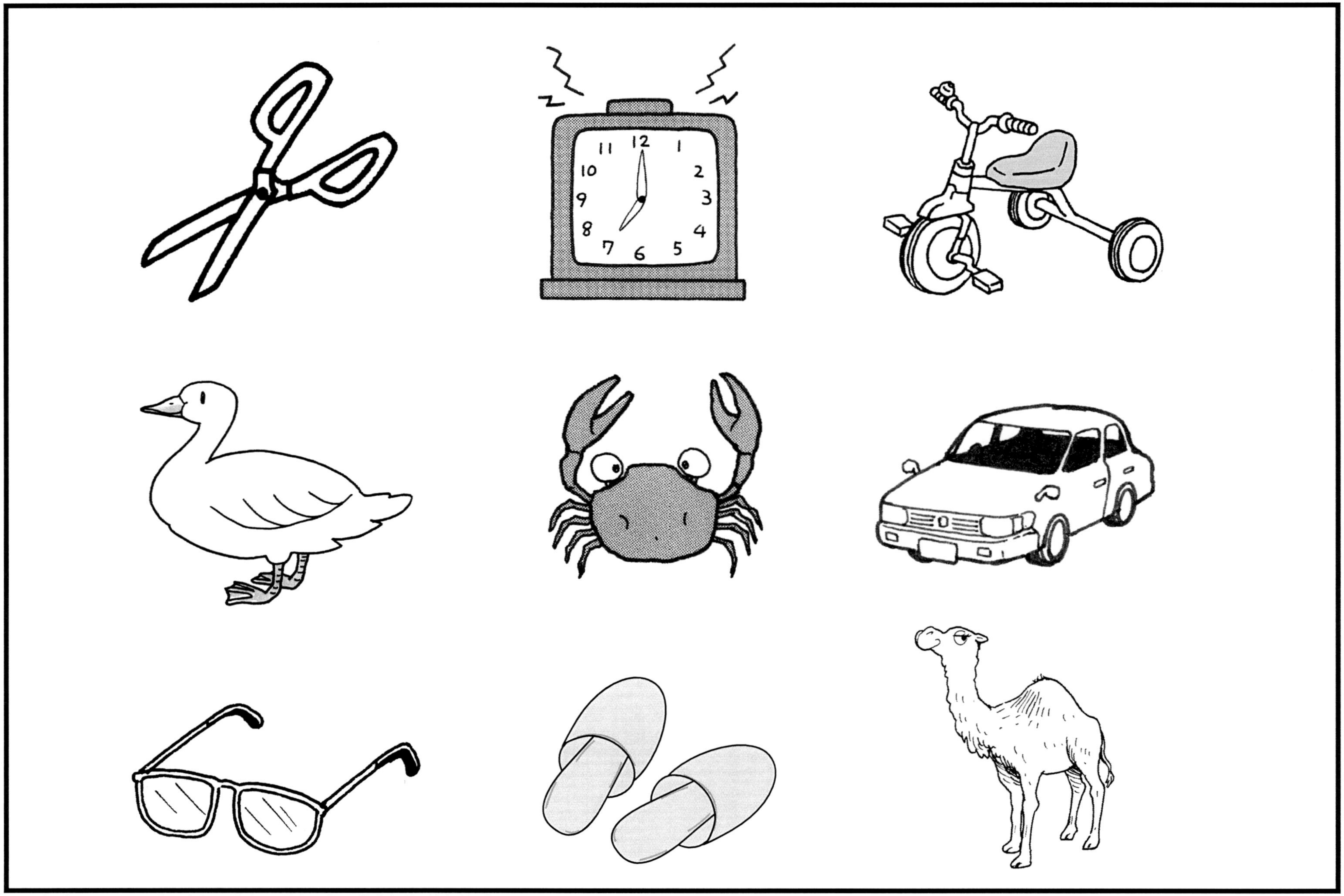

日本学習図書株式会社

問題３

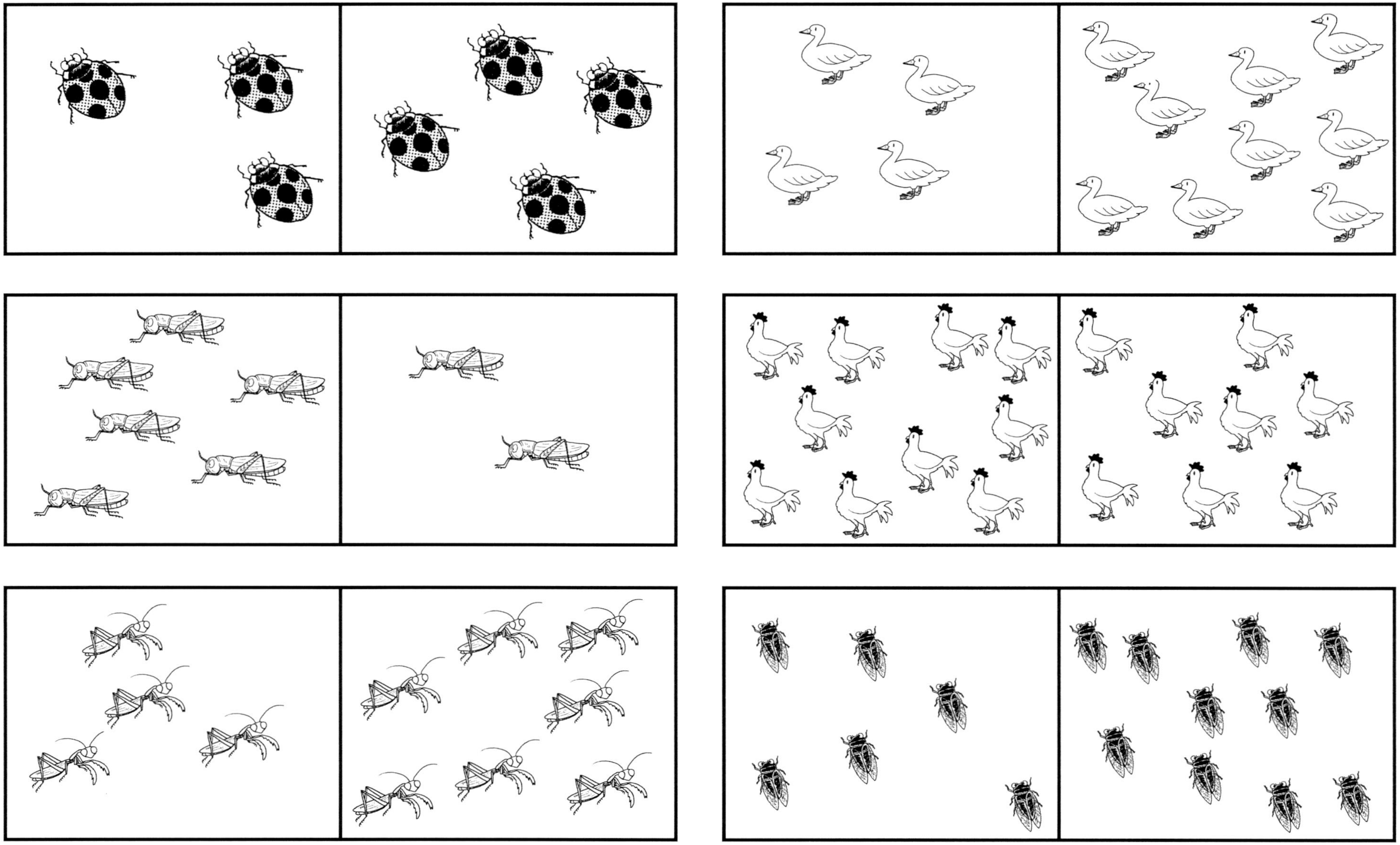

☆ノートルダム清心女子大学附属小学校

問題4

①

②

③

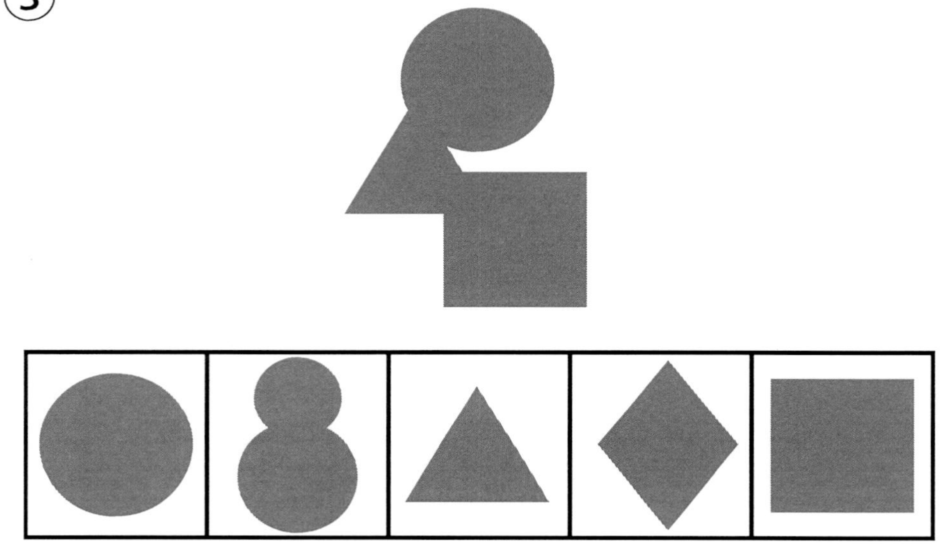

④

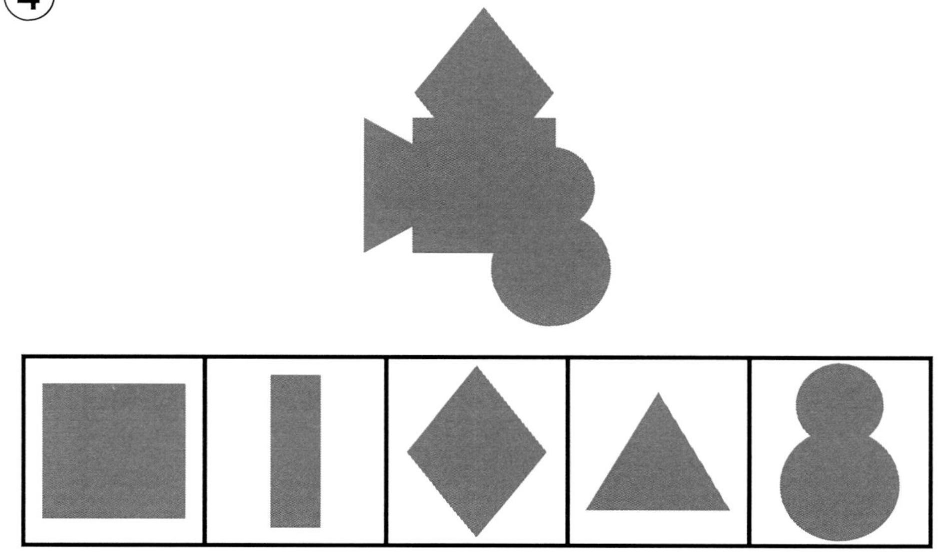

日本学習図書株式会社

☆ノートルダム清心女子大学附属小学校

問題５

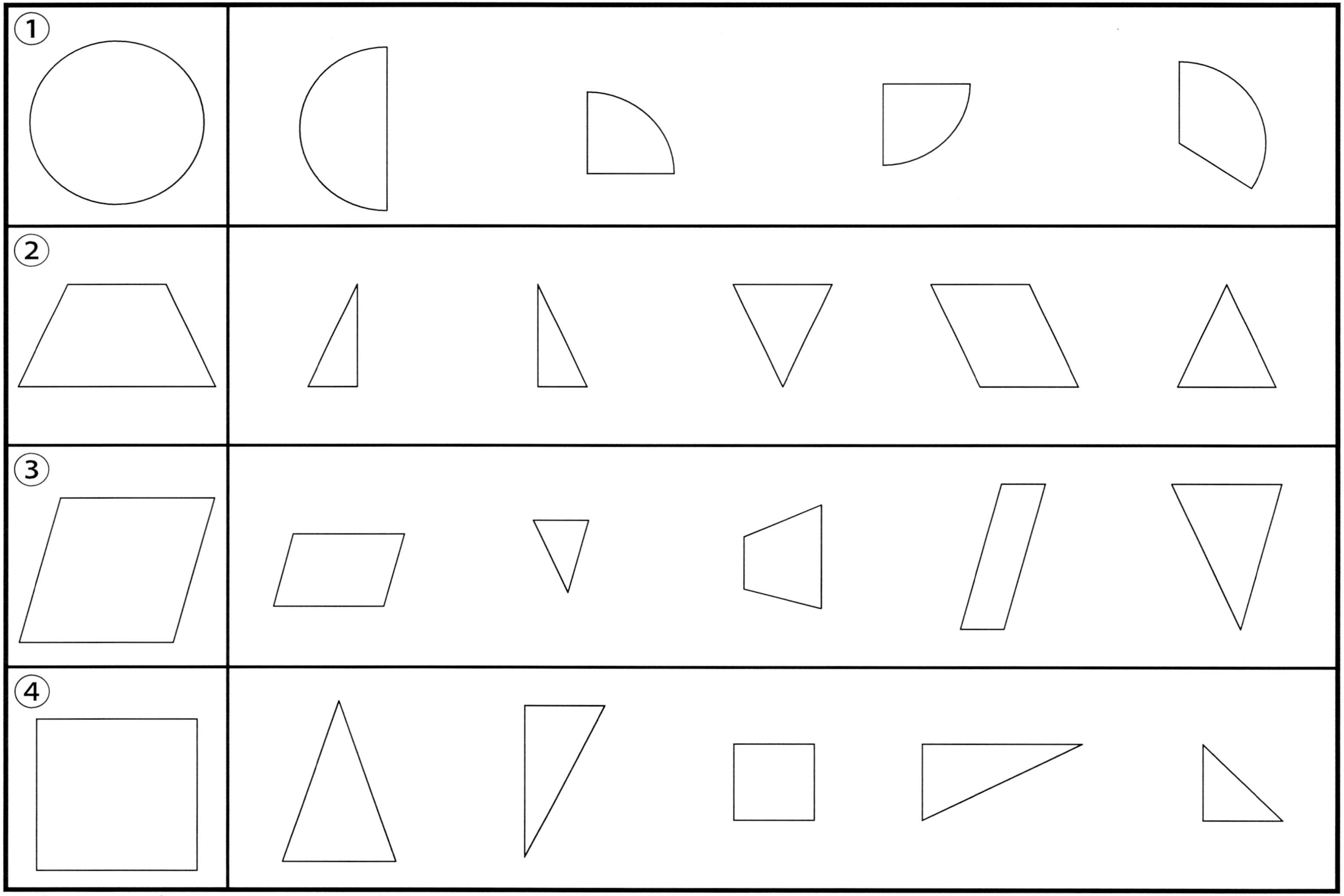

問題6

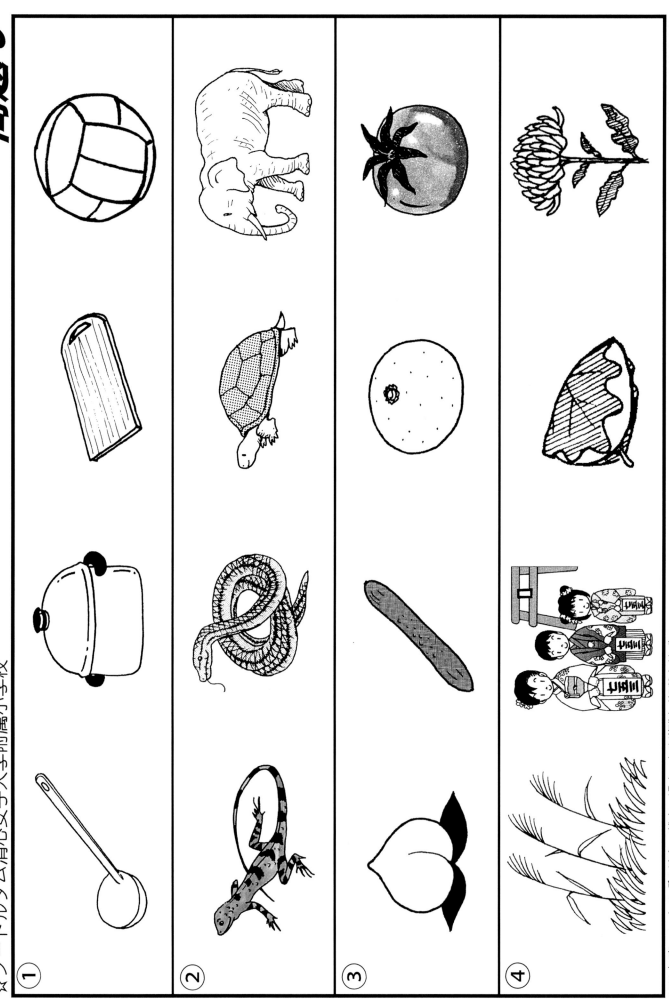

①

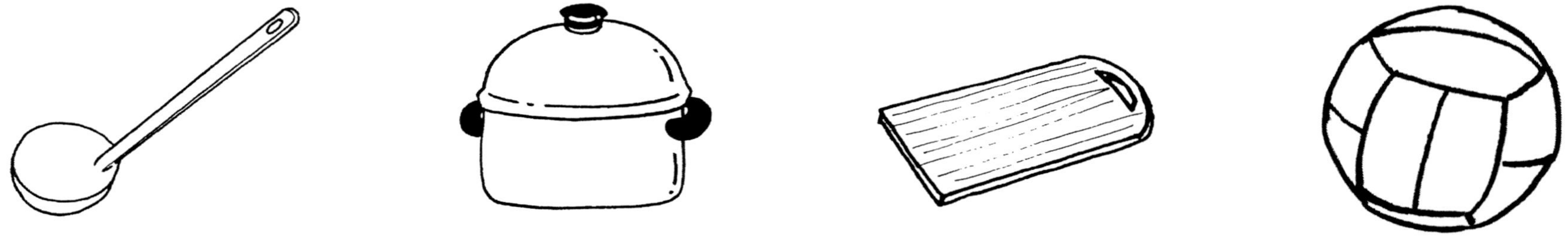

②

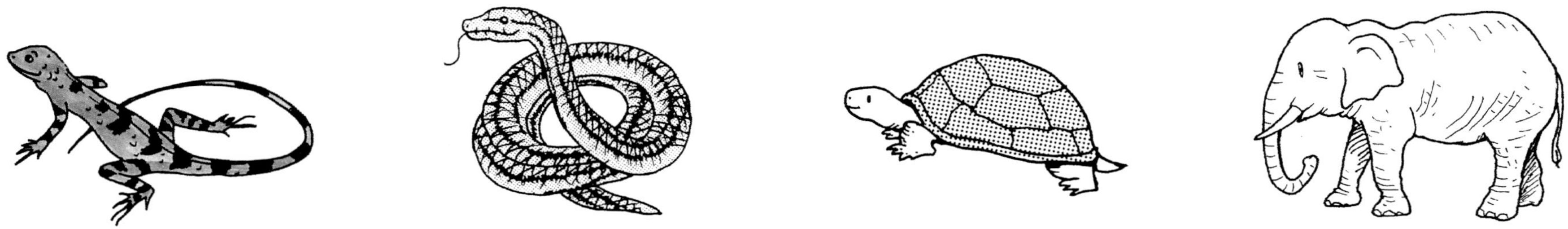

③

④

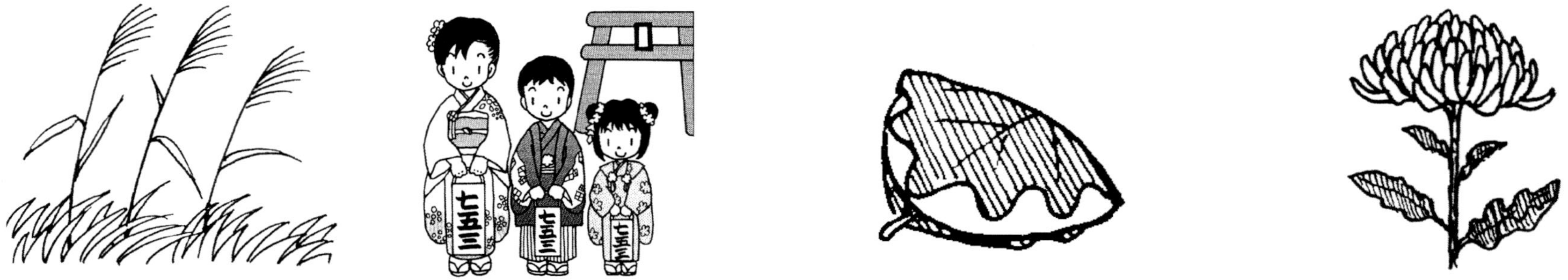

2023 年度 ノートルダム清心・就実 過去 無断複製／転載を禁ずる　日本学習図書株式会社

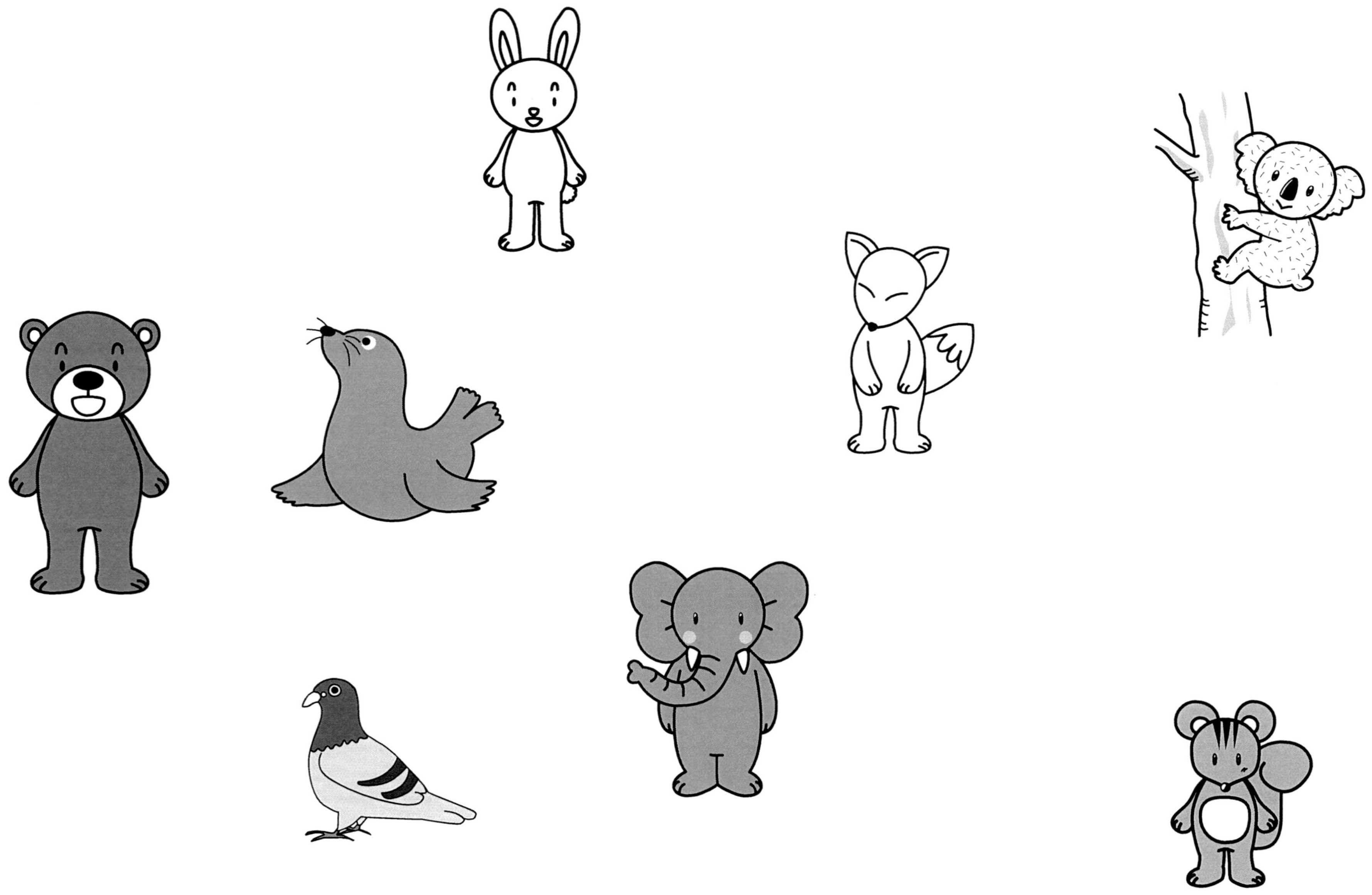

問題１１

☆ノートルダム清心女子大学附属小学校

① 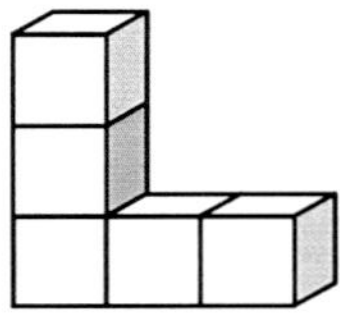	
② 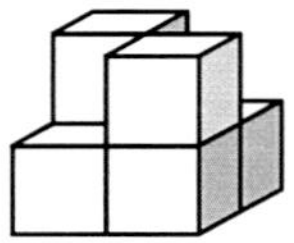	
③ 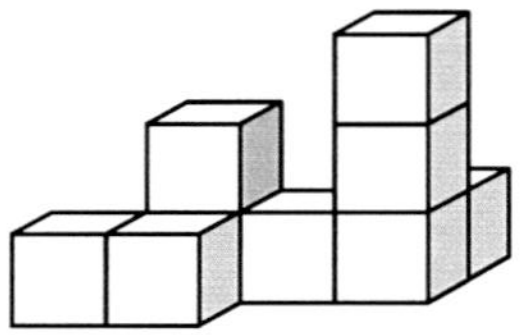	
④ 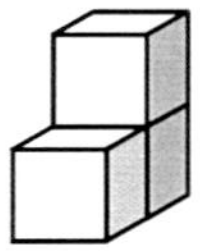 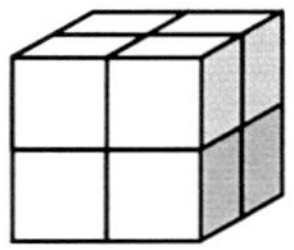	
⑤ 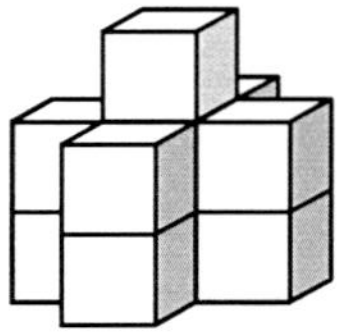 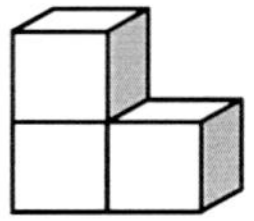	

☆ノートルダム清心女子大学附属小学校

問題１２

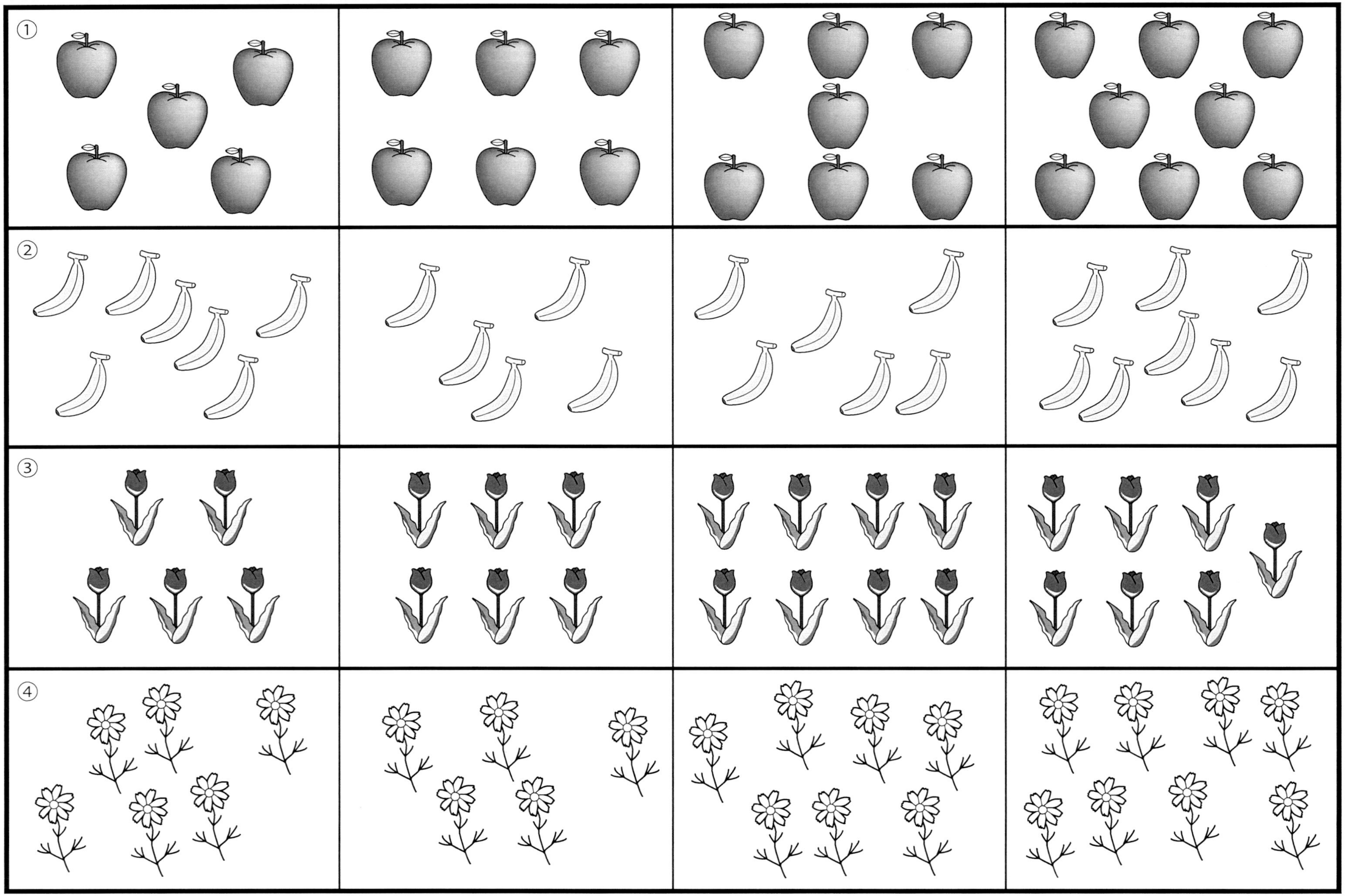

☆ノートルダム清心女子大学附属小学校

問題１３

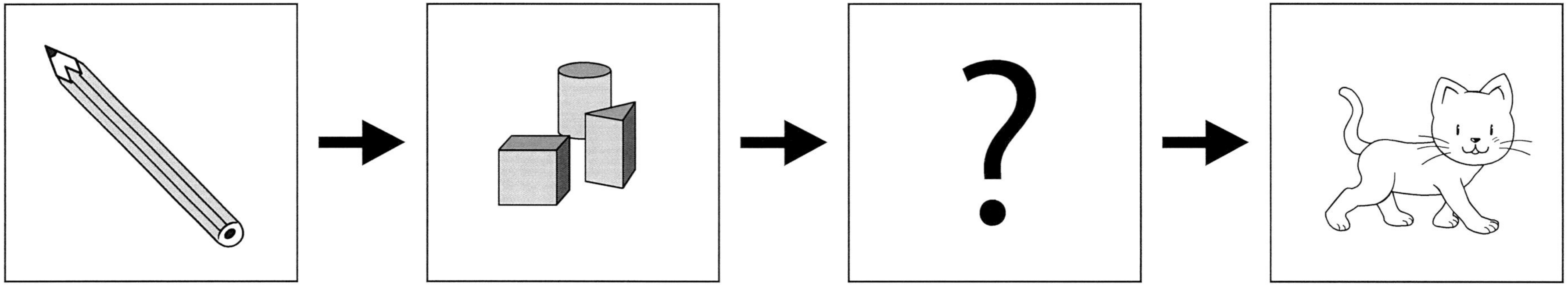

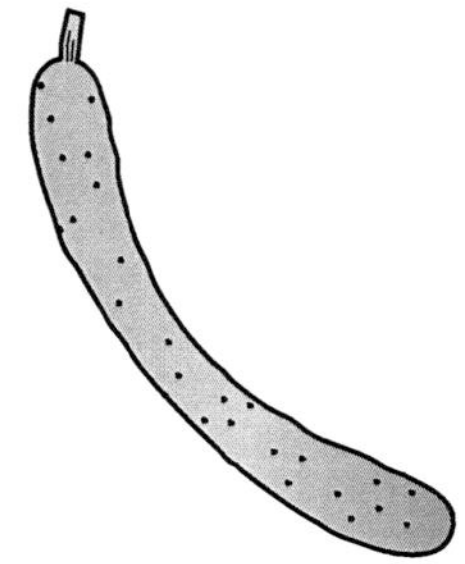

☆ノートルダム清心女子大学附属小学校

問題１４

①

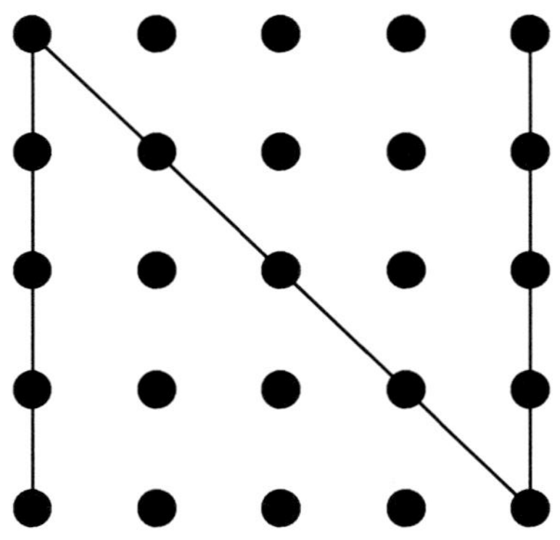

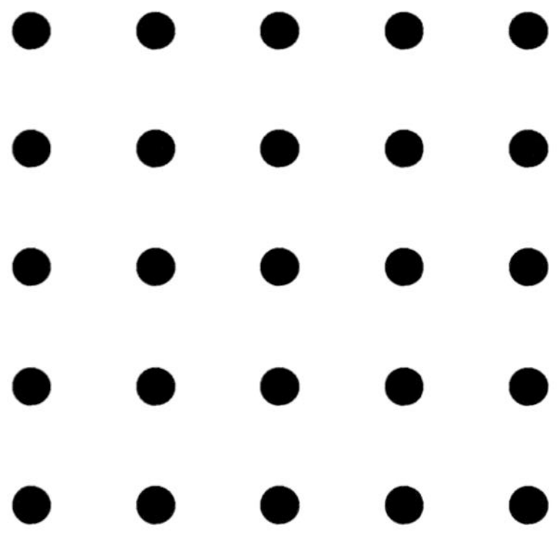

②

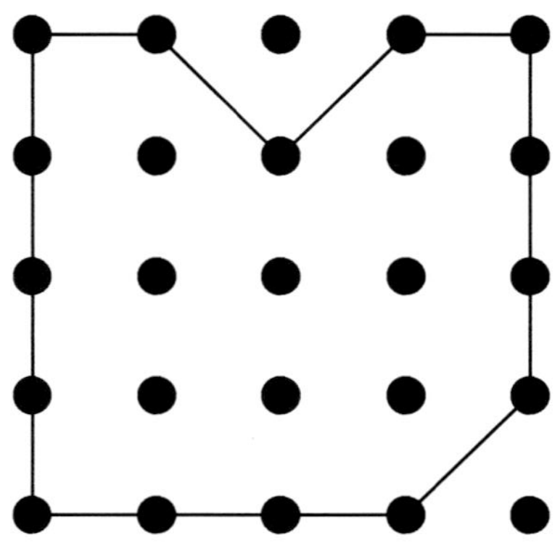

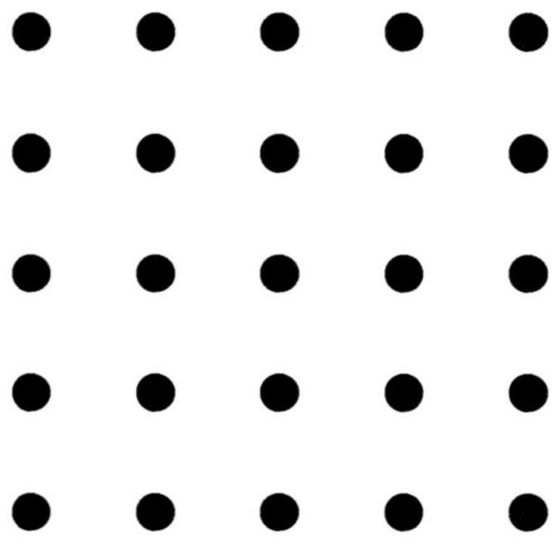

2023年度 ノートルダム清心・就実 過去 無断複製/転載を禁ずる 日本学習図書株式会社

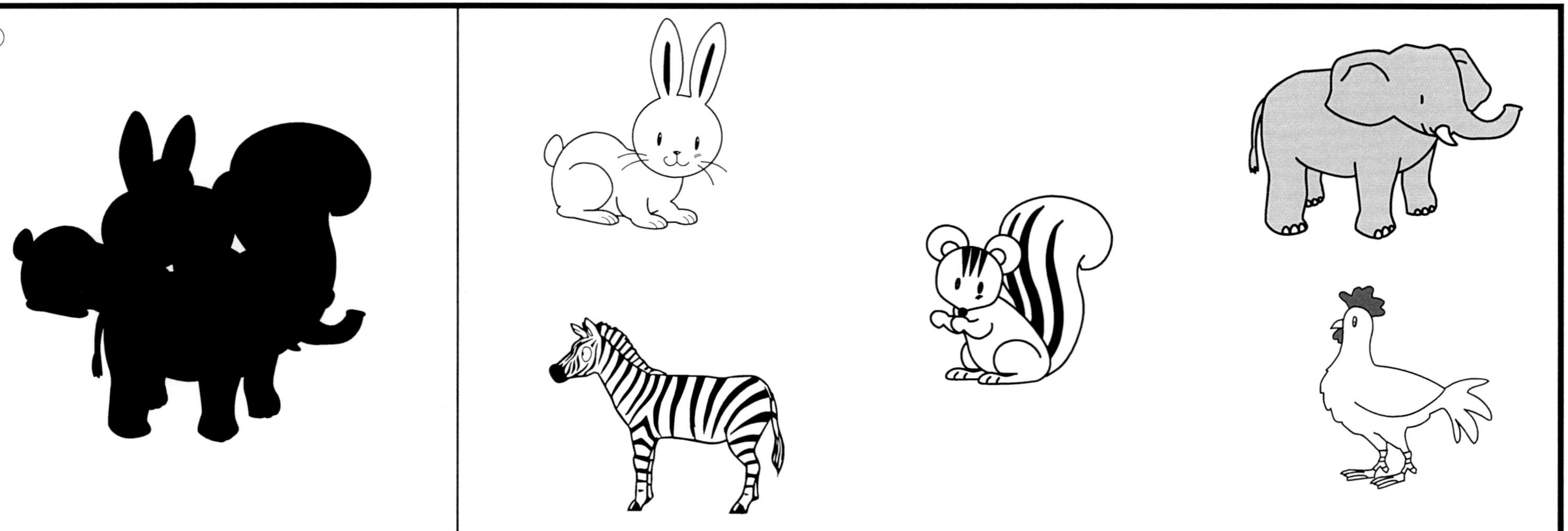

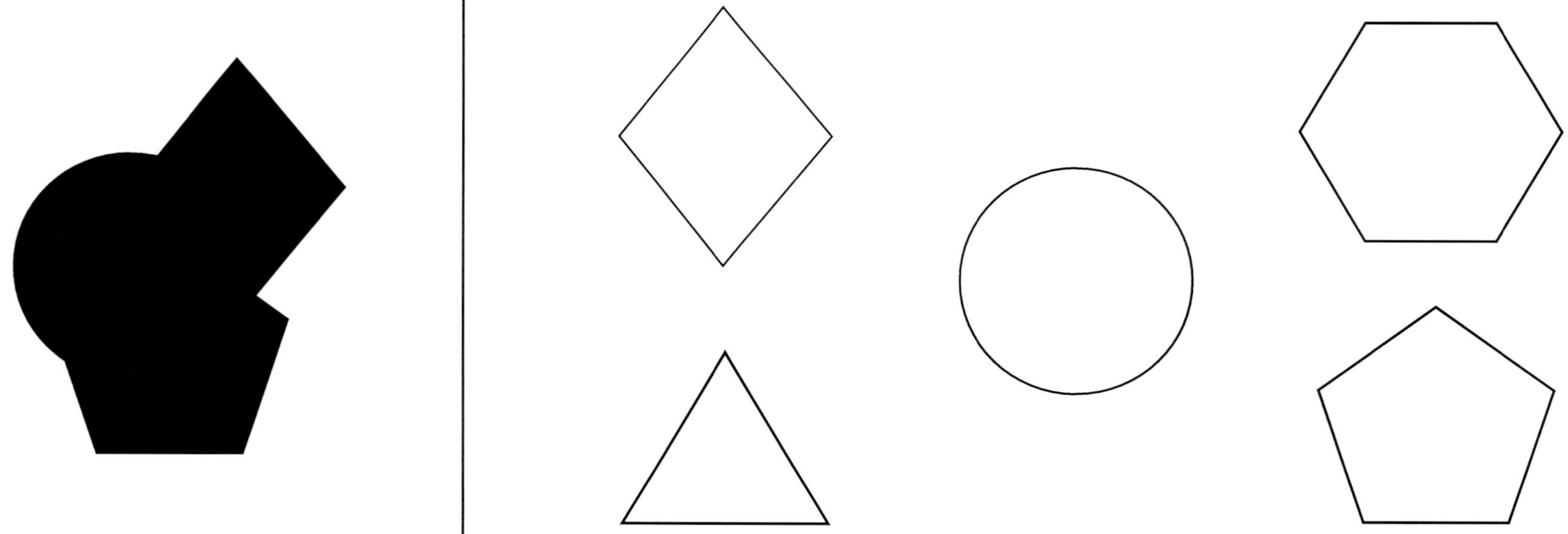

問題１６

問題１９－１

日本学習図書株式会社

問題１９－２

問題２０

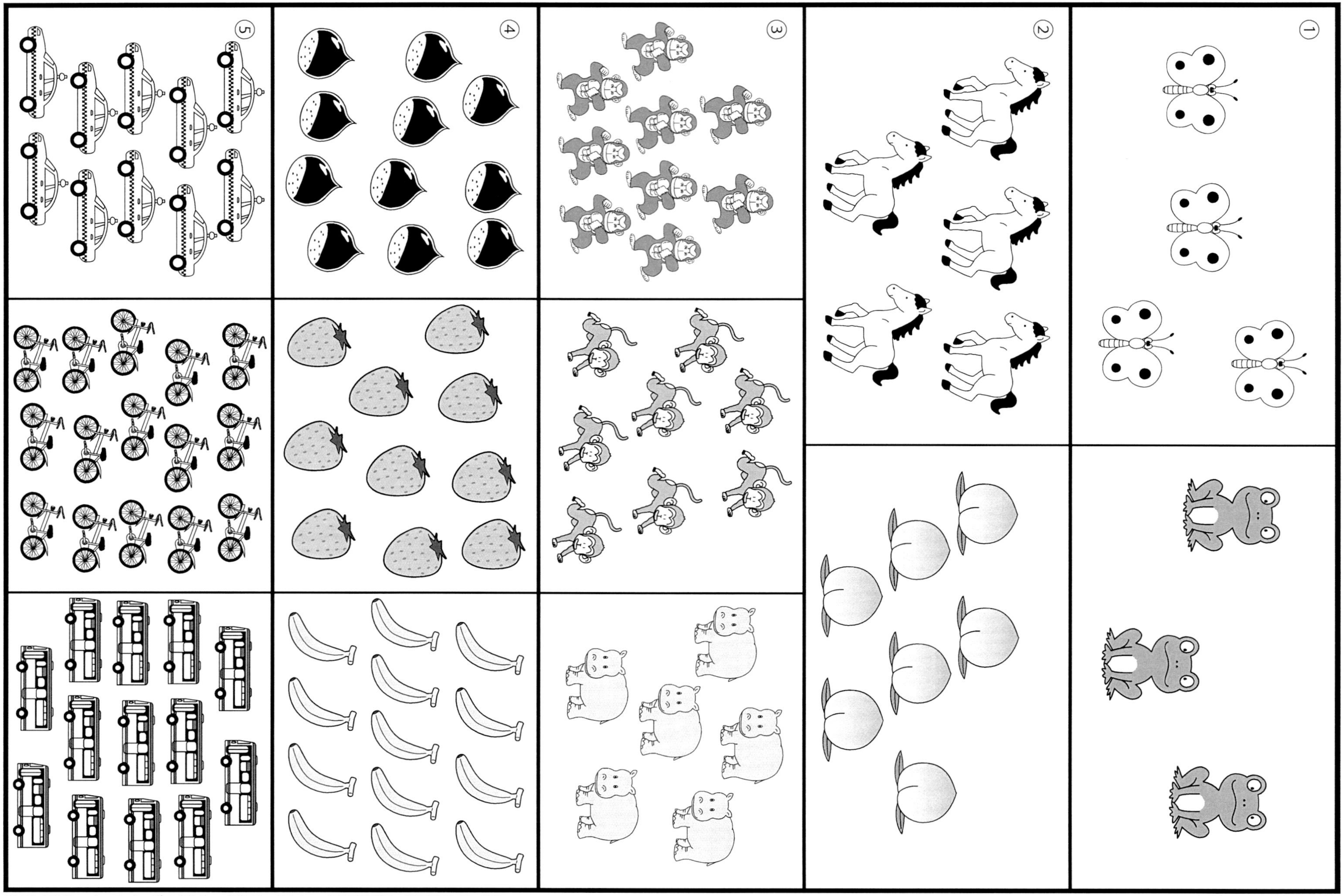

2023年度 ノートルダム清心・就実 過去 無断複製／転載を禁ずる 日本学習図書株式会社

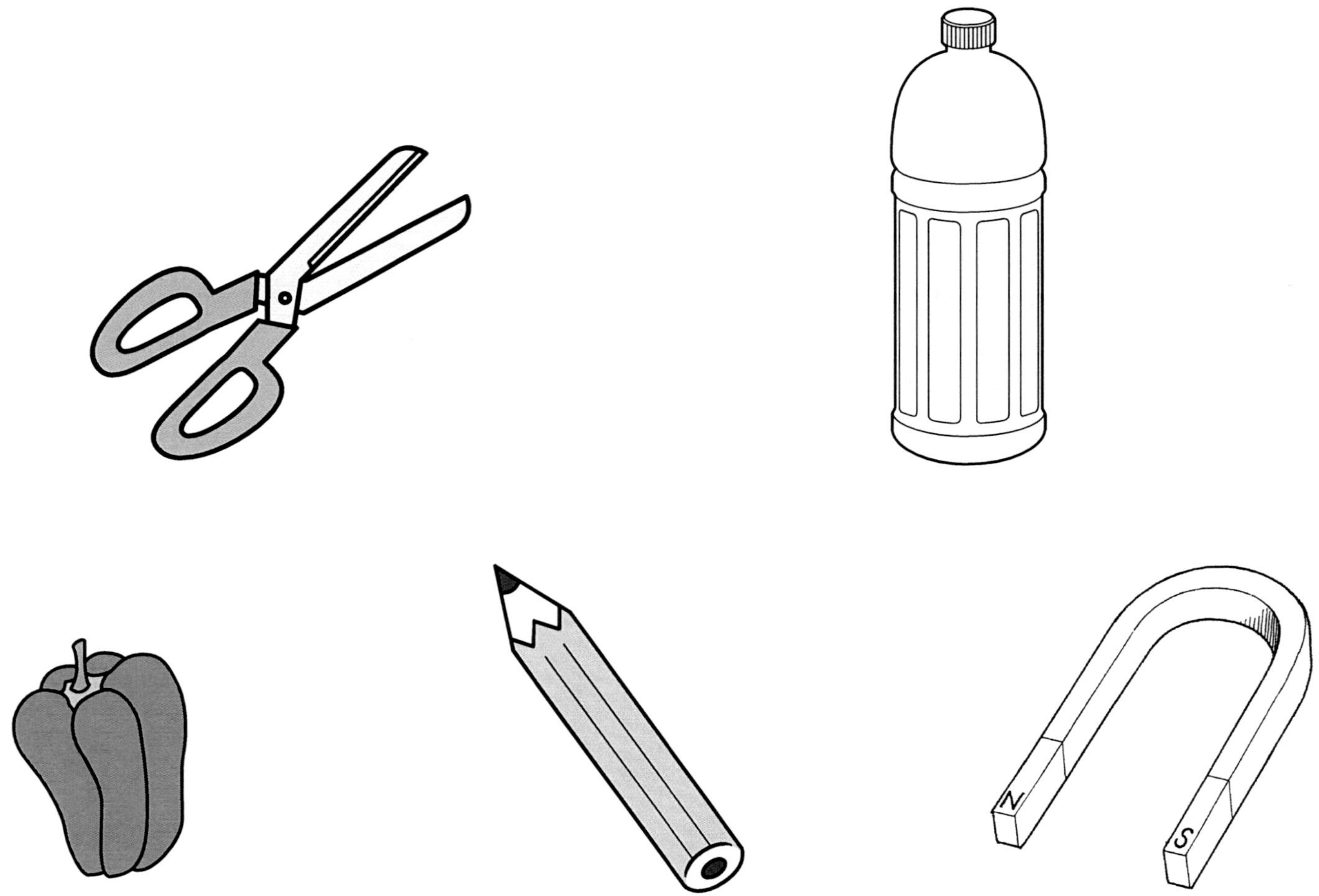

2023 年度 ノートルダム清心・就実 過去 無断複製／転載を禁ずる 日本学習図書株式会社

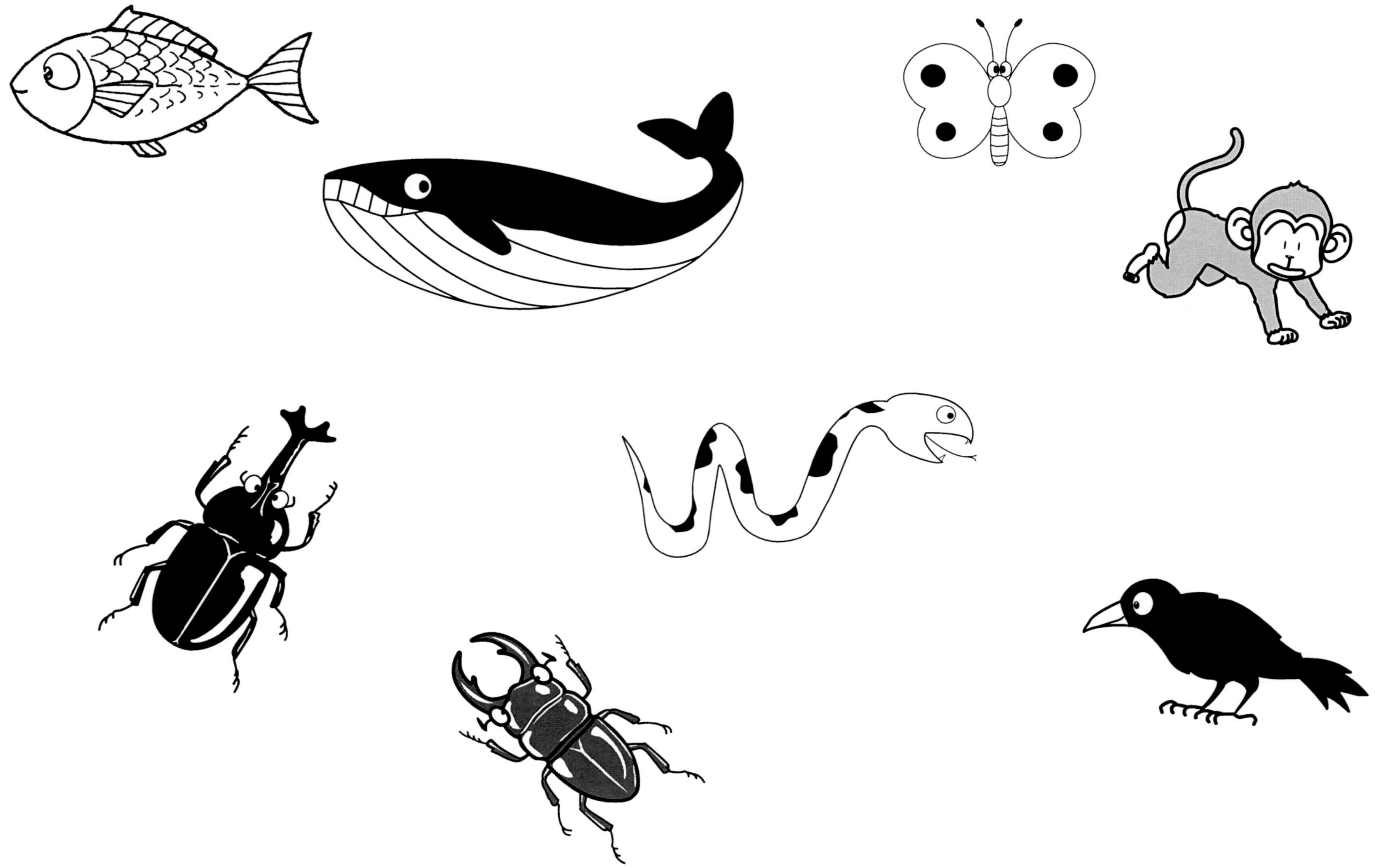

問題２３

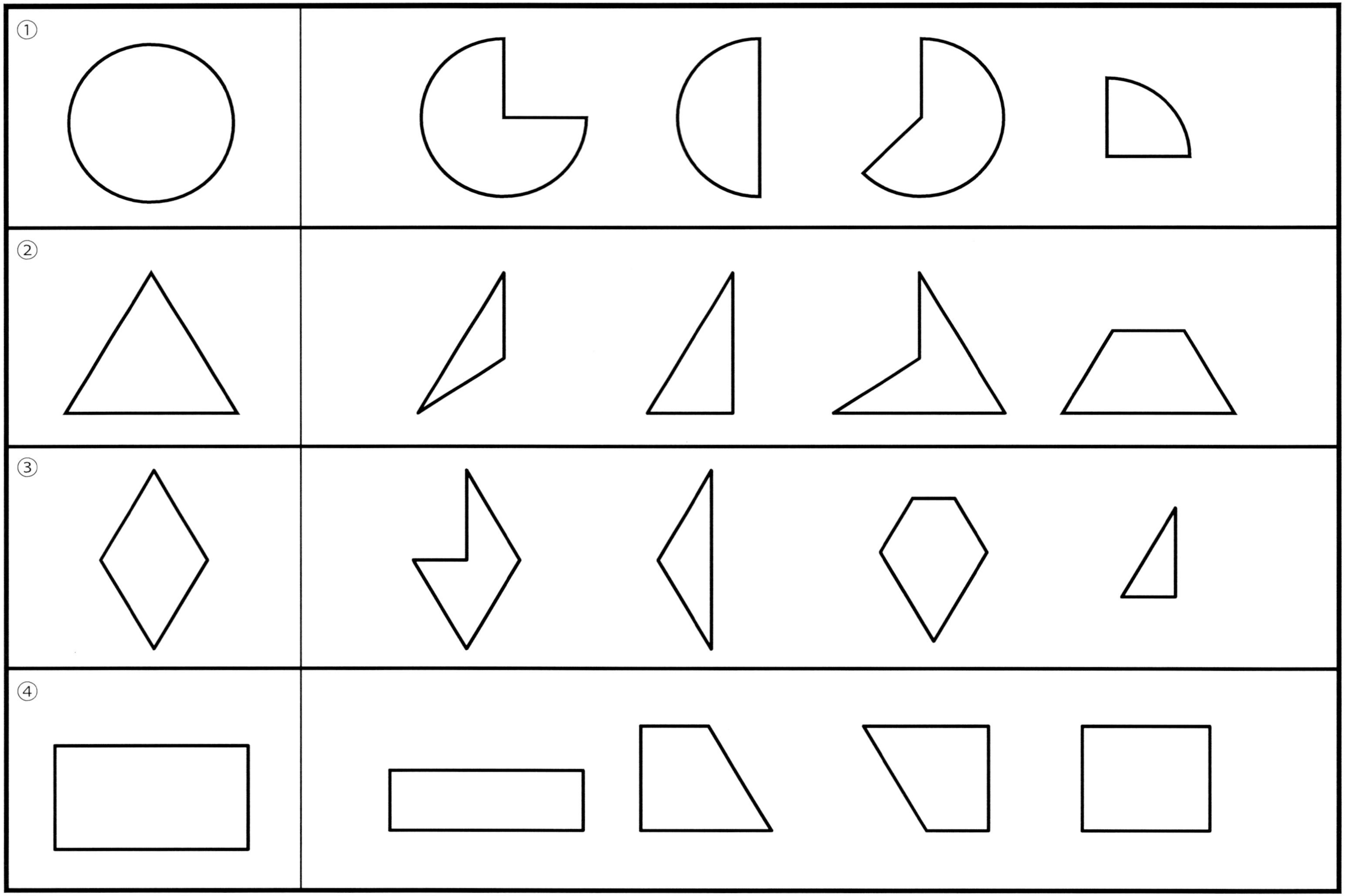

問題24－1

①

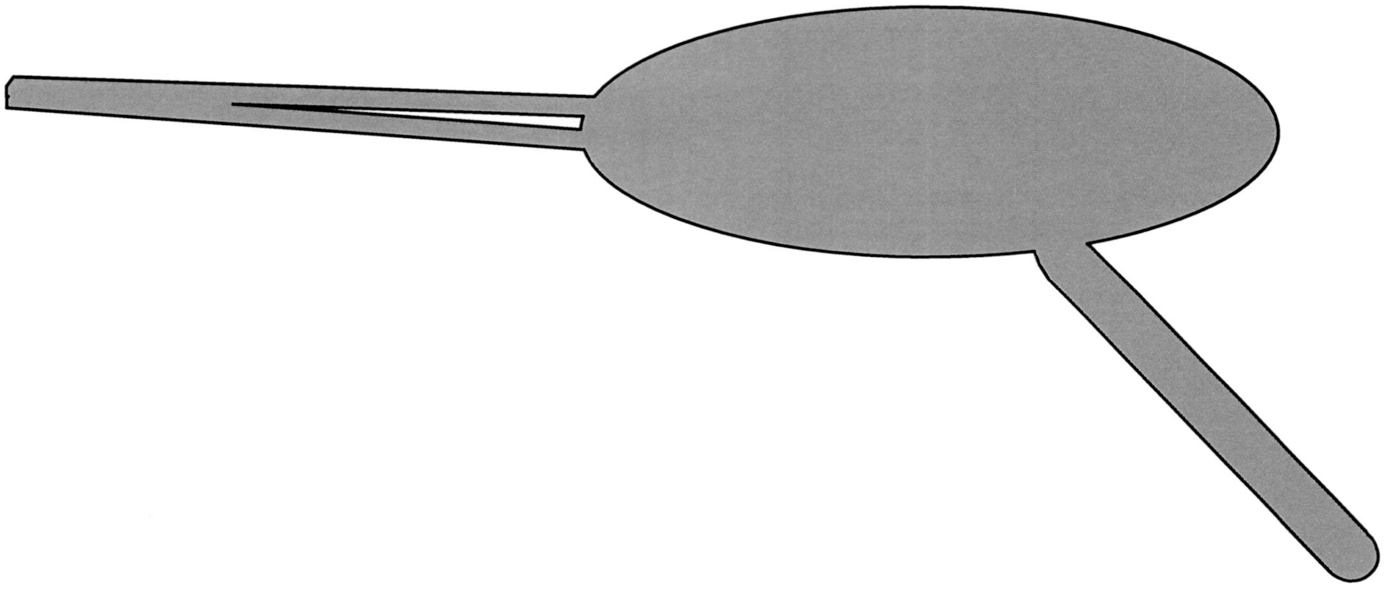

問題２４－２

②

問題２５

☆ノートルダム清心女子大学附属小学校

問題２７－１

問題27－2

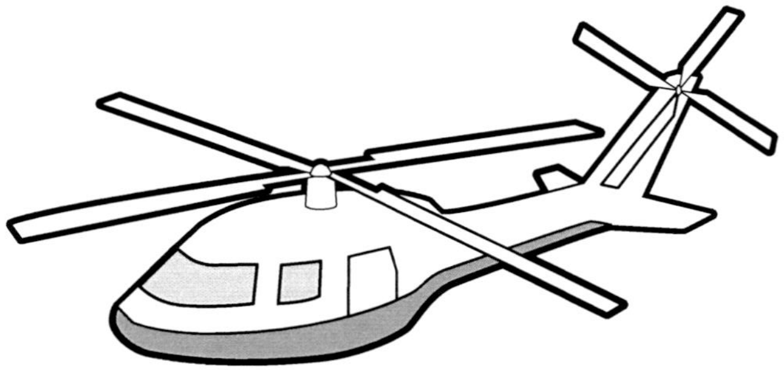

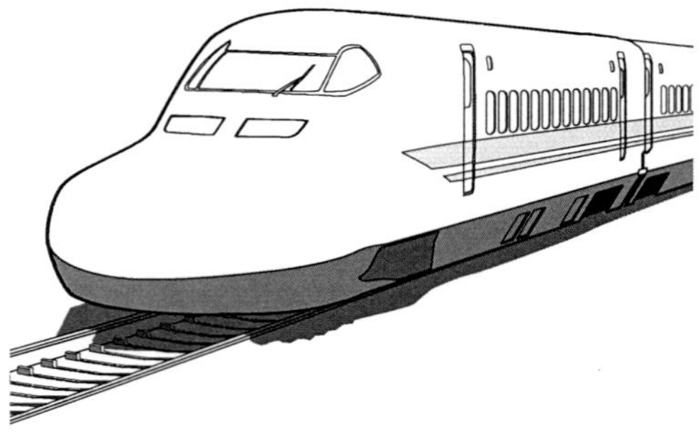

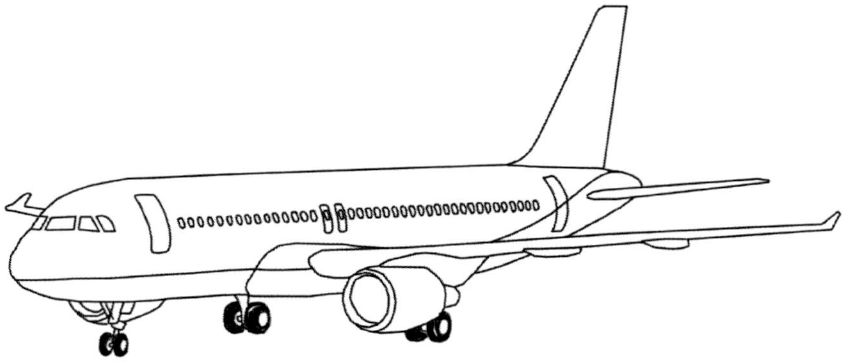

日本学習図書株式会社

問題28

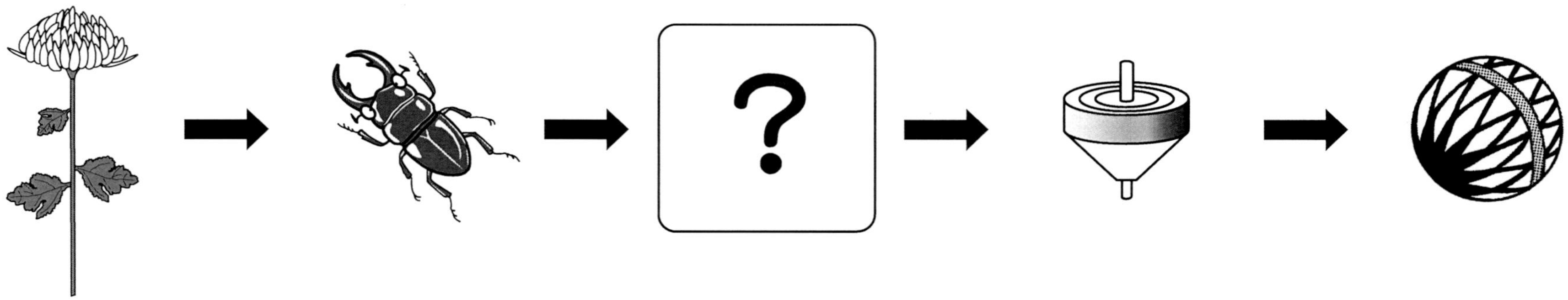

☆ノートルダム清心女子大学附属小学校

問題２９

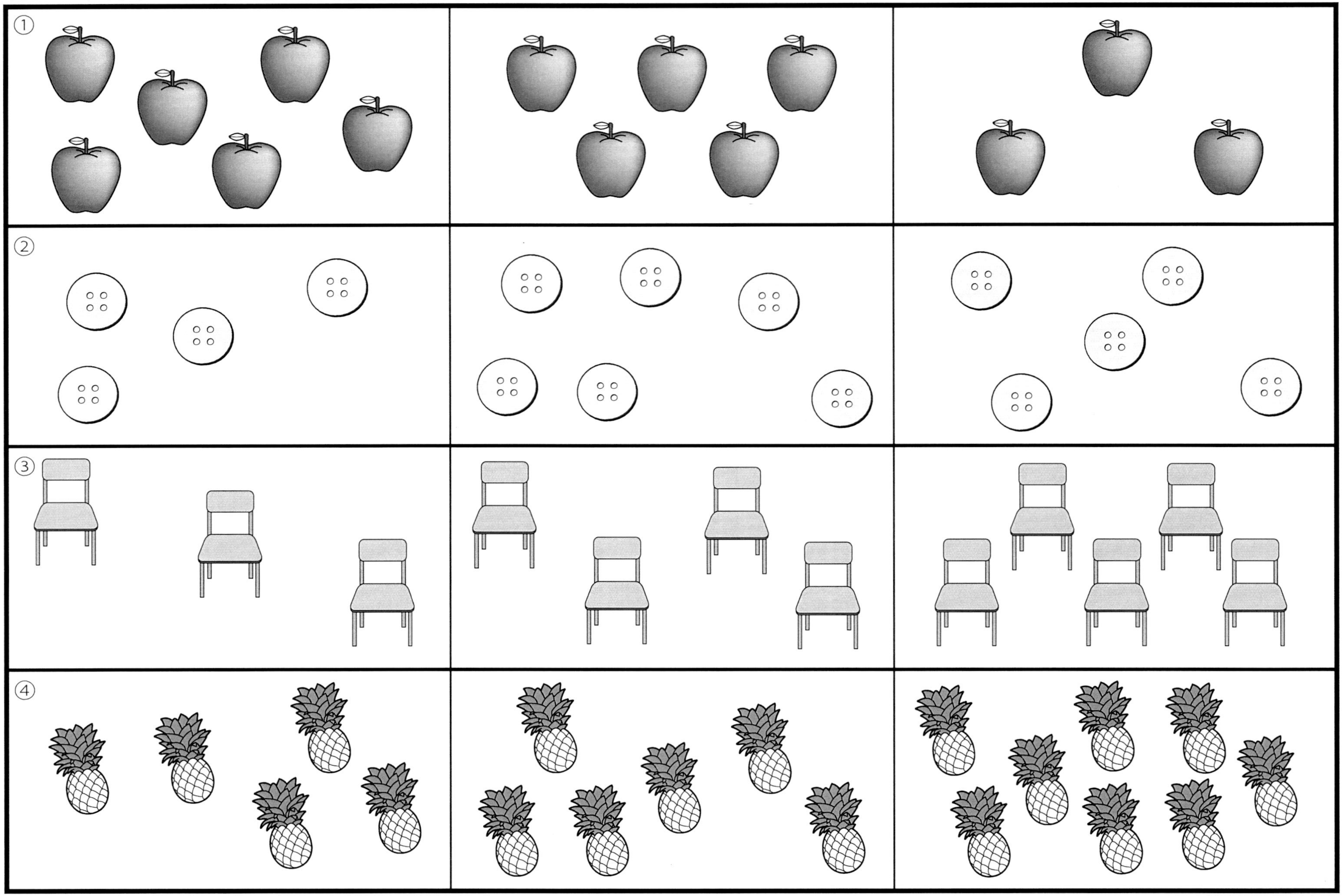

問題３０

①

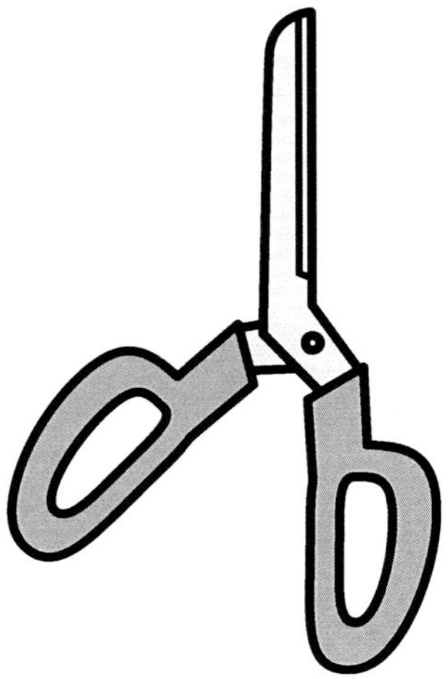

②

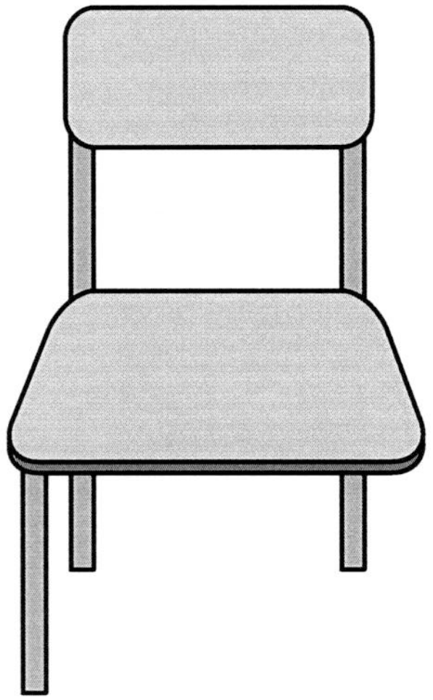

③

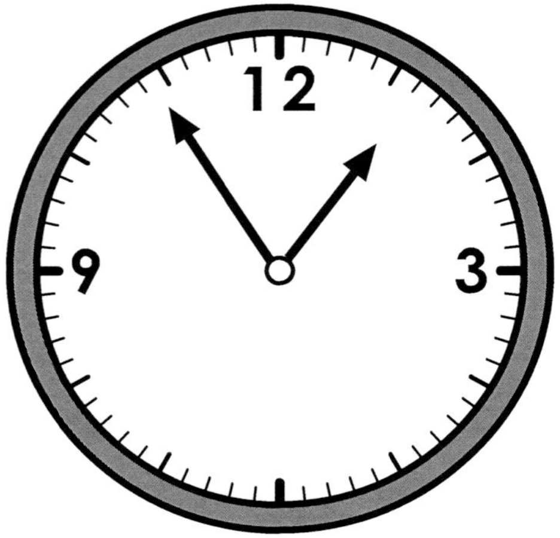

④

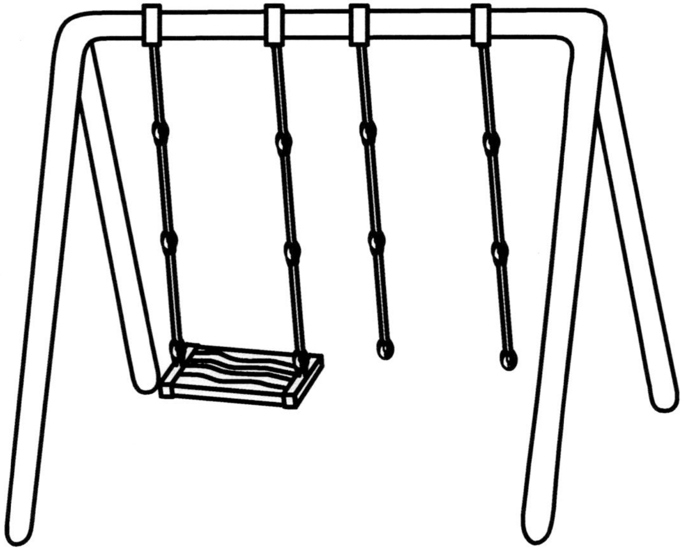

2023年度 ノートルダム清心・就実 過去 無断複製/転載を禁ずる

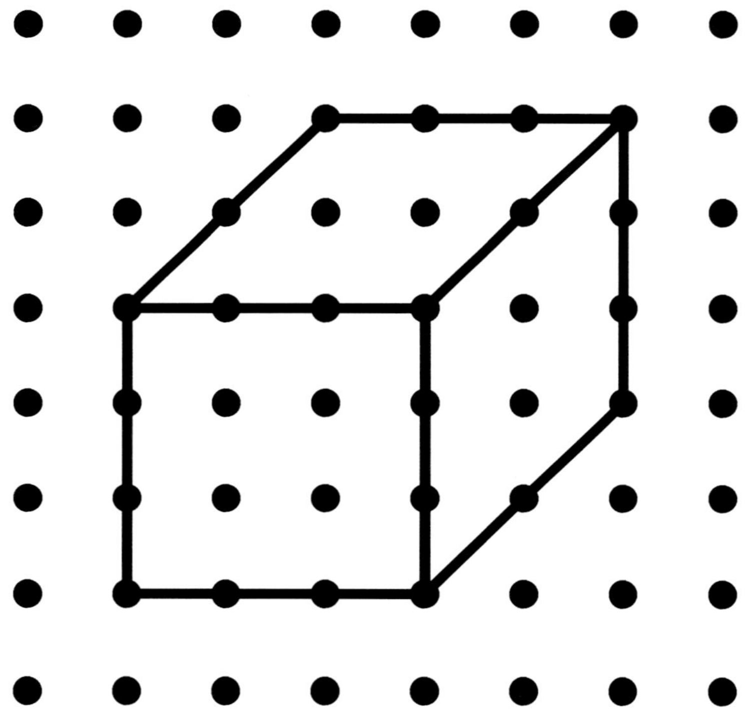

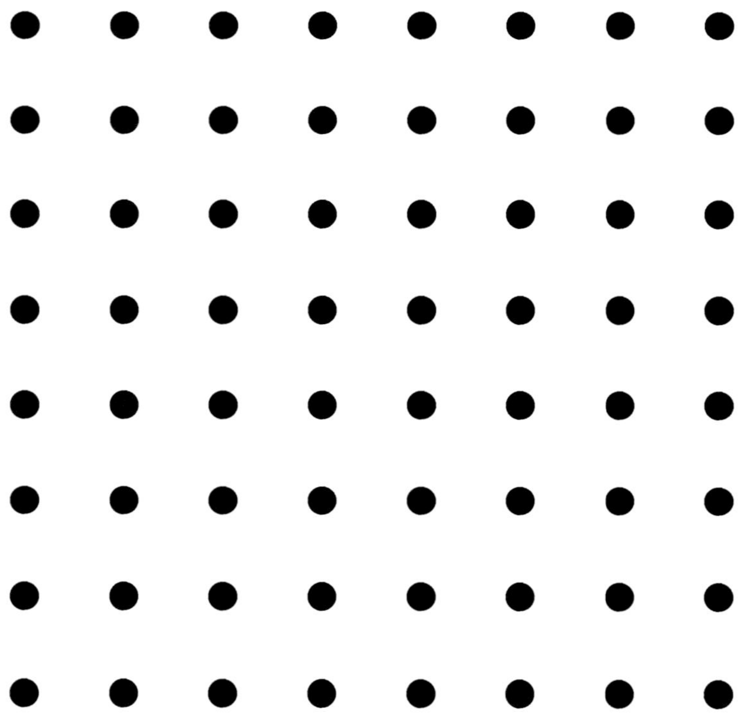

☆ノートルダム清心女子大学附属小学校

問題３２

①

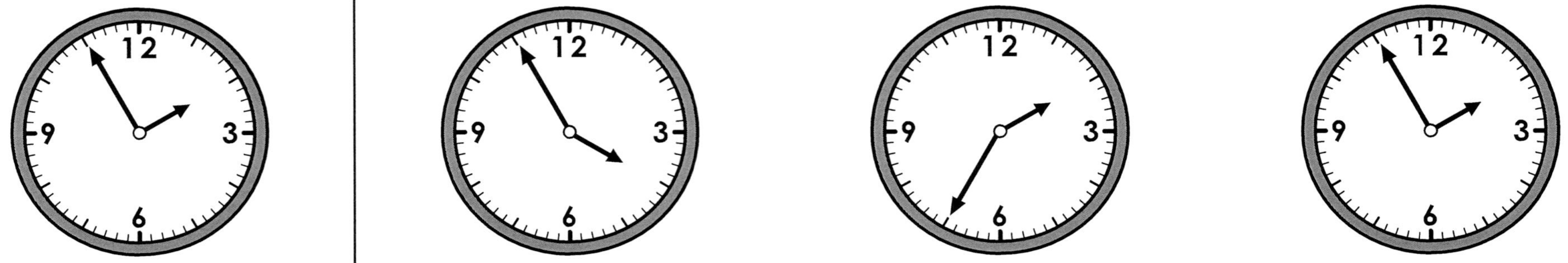

②

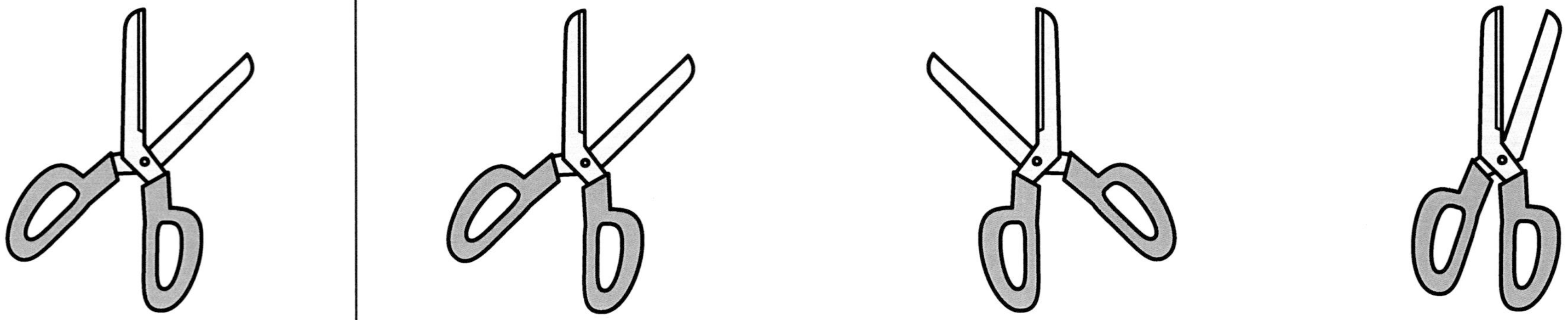

③

日本学習図書株式会社

問題３３

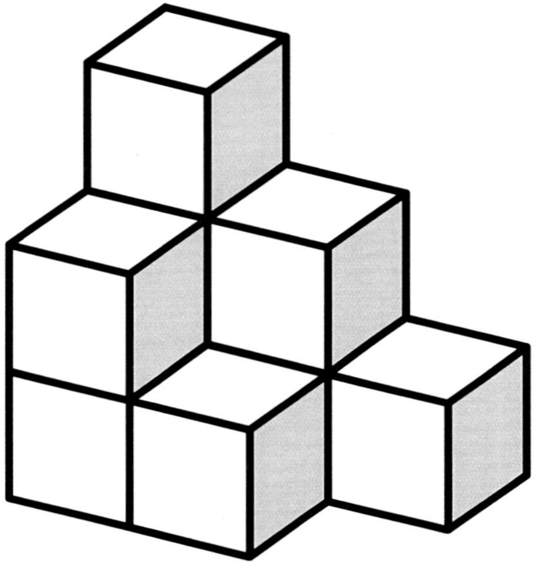

2022年度入試
解答例・学習アドバイス

解答例では、制作・巧緻性・行動観察・運動といった分野の問題の答えは省略されています。こうした問題では、各問のアドバイスを参照し、保護者の方がお子さまの答えを判断してください。

問題1　分野：記憶（話の記憶）

〈解 答〉　①真ん中　②リス　③△：キツネ・リス　○：タヌキ　④キツネ・リス

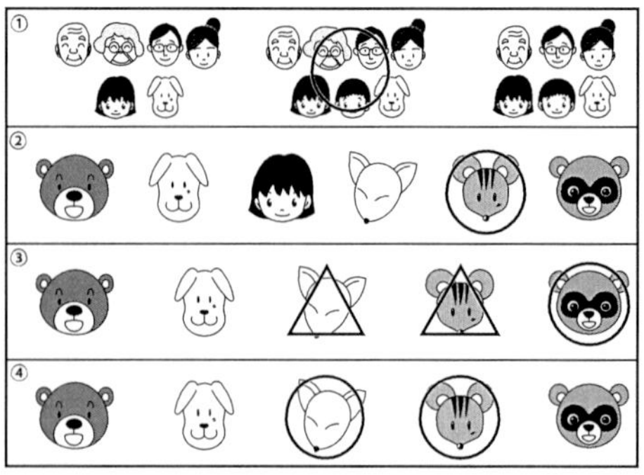

このお話のポイントは、そりに乗る動物が変わることをしっかりと把握し、記憶できているかという点です。シチュエーションは大きな変化がないため、イメージしやすいと思います。しかし、そりに乗る動物が色々変わります。ですから、状況の変化をきちんと把握できていたかどうかを確認することをおすすめいたします。最初は誰がどのそりに乗っていたのか、次にどうなったのかをお子さまに確認してみてください。
お話を最後までしっかりと聞き、対応することは、入学試験全ての問題において重要なことです。
そのような視点から観ると、設問④の問題ができていたかどうかは非常に大切です。しかし、設問③は設問④と解答が同じ部分があります。１つのことに対して別の視点から尋ねるような問題になっておりますので、両方の問題に正解できて初めてしっかりと記憶できていたと取ることができるでしょう。設問④の問題は、お話の中には直接は出てきません。お子さまが記憶した情報の中から消去法で見つけていくことになります。
お話の記憶は読まれた内容だけを把握すればよいのではなく、記憶した情報を基に思考していく問題と理解していただきたいと思います。

【おすすめ問題集】
　１話５分の読み聞かせお話集①・②、１話７分の読み聞かせお話集入試実践編①
　お話の記憶 初級編・中級編・上級編、Ｊｒ・ウォッチャー19「お話の記憶」

問題2　分野：記憶（見る記憶）

〈解　答〉　アヒル、カニ、ラクダ、めがね

４つの絵を記憶して、どの絵があったかを答えるという、「見る記憶」としてはオーソドックスな問題といえるでしょう。難易度も高くはなく、基本レベルの問題となっています。しかし、このような難易度の低い問題こそ、取りこぼしがないようしっかりと正解したいものです。このような基本レベルの問題は、他のお友だちにとっても点の取りやすい問題だからです。みんなができていて自分ができないとなれば、合格は遠のいてしまいます。そうならないためにも、しっかりと練習しましょう。
描かれてある絵も、お子さまにはなじみのあるものばかりですから、覚えやすかったと思います。記憶系の力を付ける特効薬のようなものはありません。力の伸びは、取り組んだ量に比例すると言われています。色々なものを使用して記憶力のトレーニングをしましょう。

【おすすめ問題集】
Ｊｒ・ウォッチャー20「見る記憶・聴く記憶」

問題3　分野：数量（数の比較）

〈解　答〉　テントウムシ：右、バッタ：左、カマキリ：右、アヒル：右、ニワトリ：左、セミ：右

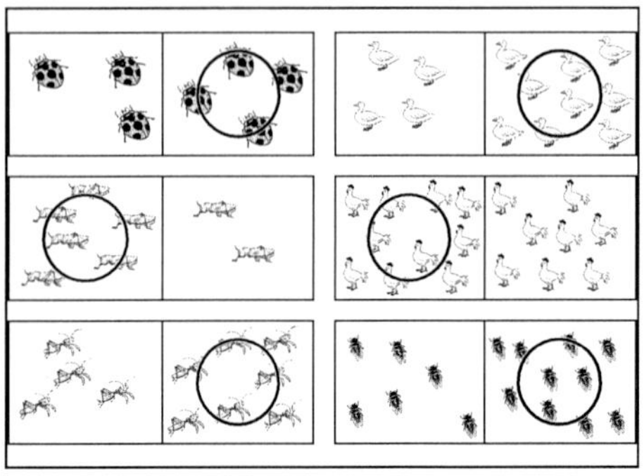

基本は両方を数えて比隠して解答する方法ですが、数が多い場合、両手を使用し、四角の中に描かれている絵を左右同数、指などで隠し、数を減らして解答する方法もあります。どの方法でも構いませんが、複数習得しておくと良いでしょう。数につきましては、まずは10までの数をスムーズに数えられるよう練習しておくとよいでしょう。一目瞭然の差がついている箇所もありますので、数えるのが得意なお子さまは時間が余るかもしれません。余った時間は、解答の見直しにあててください。類似問題として、数種類の物がランダムに描いてあり、「１番多いもの」、「３番目に多いもの」～を答えるケースがあります。柔軟な対応力が求められますので、違ったパターンの練習もぜひやってみてください。

【おすすめ問題集】
Ｊｒ・ウォッチャー14「数える」、15「比較」、58「比較②」

問題4　分野：図形（重ね図形）

〈解 答〉　①チョウチョウ・アヒル・トンボ
②シャツ・スカート・ネクタイ
③○・△・□
④□・◇・△・ダルマ型

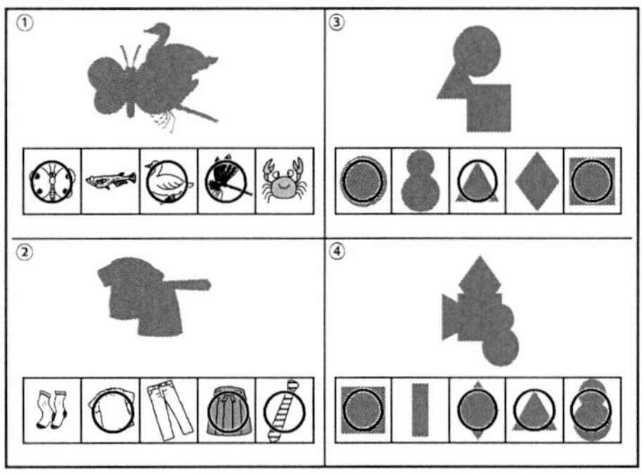

このような重ね図形の問題は、それぞれ選択肢に描かれてある絵の特徴をしっかりと把握することから始まります。他の多くの問題の場合、問題の絵を見てから選択肢を見るパターンが多いと思いますが、重ね図形の問題の場合、選択肢の絵の特徴となるものを把握した上で問題の絵を見ると、簡単に見つかります。例えば、①の問題の場合、蝶は羽や触覚、メダカは形、アヒルは頭、胴体、足、トンボは羽としっぽ、カニはハサミと足、というような感じで特徴を覚えます。次に問題の重ねられた絵の方を見ると、蝶の羽、アヒルの頭、トンボの足としっぽ。という特徴が直ぐに分かります。
この分野の問題は、着眼点をどこに持っていくかで、答えを探すときに差がつきます。
また、はみ出ている部分が少なければ少ないほど、重なり具合が多いほど、答えに繋がる情報は少なくなります。しかし、多くの問題に触れることで、どこに着眼点を持っていけばいいのかを早く見つけられるようになります。

【おすすめ問題集】
　Ｊｒ・ウォッチャー35「重ね図形」

問題5　分野：図形（図形の合成）

〈解答〉　下図参照

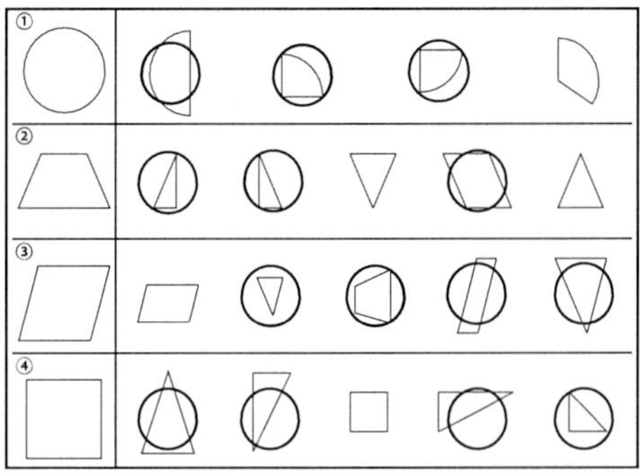

このような具体物の操作を繰り返していると、実際に切り取ってやらなくても頭の中で形の操作を行えるようになります。こうした力は入学試験の時に大いに役立つ実力の１つとなります。特に設問④の問題は難易度が高く、苦戦するお子さまも多くいらっしゃると思います。一度立ち止まると、似たような組み合わせしか浮かばなくなってしまうこともあるのではないでしょうか。悩んだら切り替えて違うパターンを考える気持ちの転換も必要となります。
このような問題の解き方の１つに、一番大きな形を先に入れてしまい、隙間に何が入るかを考えるという方法がありますので、覚えておいてください。

【おすすめ問題集】
Ｊｒ・ウォッチャー９「合成」、45「図形分割」、54「図形の構成」

問題6　分野：常識（違う仲間）

〈解答〉　①ボール　②ゾウ　③ミカン　④カシワモチ

①はボール以外は料理に関係のあるもの、②はゾウ以外は爬虫類の仲間です。③はミカン以外の物は夏に収穫するもの、④は柏餅以外は秋の季節の物、となっています。受験勉強も大切ですが、①③④は日常生活から学べるものでもありますので、日々の生活を丁寧に過ごすこともお子さまにとっては重要な学びの場になるでしょう。まずはその点がしっかりと把握できているか、答え合わせの前にお子さまに聞いてみましょう。こうした仲間はずれ、仲間集めの問題は、それぞれの特徴、季節、生体など、多くの方向から基準を見つけることができるかという点が大切です。この問題も前問同様、悩んだら観点を変えることが大切です。

【おすすめ問題集】
Ｊｒ・ウォッチャー11「いろいろな仲間」

問題7　分野：運動

〈解 答〉　省略

運動は得意、不得意がはっきりと二極化されます。また、運動が苦手だからダメ、あるいは運動神経がいいからＯＫというような簡単な評価でもありません。ペーパーテストと違い、お子さま自身が動いて取り組む試験の採点は基準が１つではありません。様々な観点があり、複合的に観られていると思ってください。以下に、運動テストで気をつける観点を上げておきますので参考にしてください。重要視されているのは、意欲、積極性、協調性、態度、集中力、あとかたづけ、ルールの遵守などです。自身の得手不得手に関わらず、楽しく一生懸命に取り組む姿勢が大事です。しかし、何よりも大切なことは、ルールを守って楽しく取り組むことだということを忘れないでください。

【おすすめ問題集】

Ｊｒ・ウォッチャー28「運動」、29「行動観察」

問題8　分野：行動観察

〈解 答〉　省略

最初の方の模倣に関しては特に難しいことはありません。先生の指示を聞き、素早く行うことです。お子さまの中には左右分別が混乱してしまっている方もいらっしゃると思いますが、その場合、利き手だけを常に意識させてください。右手が利き手なら、常に右だけです。その反対が左になります。ですから、基準がしっかりできてから反対を教えてあげてください。左右を一緒に教えると混乱してしまいます。
後半の積み木でお城を造る協同作業ですが、この目的は上手にできたかどうかよりも、うまくいかなかったとき、どのような対応をとったかが評価に大きく影響します。
ドミノ、牛乳パックをできるだけ高く積むなども同類の観点を持つ作業です。また、協同作業は話し合いが必要です。自分だけ好き勝手に作ってうまくいったとしても、良い評価は得られません。結果よりもプロセスを重視して取り組んでください。

【おすすめ問題集】

Ｊｒ・ウォッチャー29「行動観察」

問題9　分野：面接（保護者面接）

〈解答〉　省略

コロナ禍になってから、お子さまは外での活動やお友だちとの関わりなど、生活体験を積むことができませんでした。その分、お子さまは保護者の方の影響をより強く受けています。ですから、このようなお子さまの成長に関する質問は、保護者の方の躾についての考え、教育についての考え、人生哲学に関することまで問われることがあります。これらの質問は考えて答えるものではなく、今まで実践してきたことを訊かれているので、即答できることが望ましいと言えます。また、面接テストでは、訊かれたことを簡潔明瞭に答えることが求められます。
質問内容以外のことを答えた場合、人の話を聞いていないと受け取られかねません。また、過度に良いことを述べようとするよりも、自信を持って堂々と、大きな声ではっきりと伝える方が良い評価が得られます。なぜなら、面接官は保護者の方の回答そのものだけではなく、言葉の背景にあるもの、自信を持っているかなどを観ています。詳しくは、弊社発行の「面接テスト最強マニュアル」をご覧ください。保護者面接に特化した専用の問題集で、詳細なアドバイスが面接官の視点に立って書かれてあります。ぜひご参考ください。

【おすすめ図書】
　新 小学校受験の入試面接Ｑ＆Ａ、家庭で行う面接テスト問題集、
　保護者のための面接最強マニュアル

問題10　分野：お話の記憶

〈解 答〉　○：クマ、ウサギ、リス

当校ではめずらしく「お話の記憶」の問題が出題されました。お話そのものは標準の長さですが、聞かれるのは「登場した動物に○」という質問だけですから、基礎的な問題と言ってよいでしょう。漫然と聞いていても答えられる問題です。当校のみの受験ということなら特に対策の必要はありませんが、他校を受験する入学前の学習として実りあるものにするなら、「誰が」「何を」「どうやって」「～した」といったお話のポイントを押さえる聞き方を学んでおきましょう。これを学んでおけば、複雑なお話にも対応できるだけではなく、小学校に入学してからの学習にも役立ちます。

【おすすめ問題集】

1話5分の読み聞かせお話集①・②、1話7分の読み聞かせお話集入試実践編①
お話の記憶 初級編・中級編・上級編、Ｊｒ・ウォッチャー－19「お話の記憶」

問題11　分野：数量（積み木）

〈解 答〉　①○：5　②○：6　③○：9　④○：11　⑤○：14

小学校受験の数量では、10程度が数えられればたいていの問題には対応できるので、まずはそこから始めましょう。積み木の数を数えるのも同じで、数えられればなんとか答えられるはずです。つまずくとすれば「ほかの積み木の陰になって見えない積み木」に気が付かなかった場合でしょう。当たり前ですが、積み重ねれられた積み木の下の部分にはそういった積み木がある場合が多いので注意してください。また、立体を感覚的に把握するという意味でも積み木に親しんでおくと将来の学習に役立つことが多くなります。

【おすすめ問題集】

Ｊｒ・ウォッチャー－16「積み木」

問題12　分野：数量（比較）

〈解 答〉　①○：右から２番目　②○：左端　③○：左から２番目　④○：左端

数量の問題は今年からは「２番目に多い（少ない）」という問題に変更されました。昨年までの１番多い（少ない）という問題よりは難しいのですが、ひと目で「ＡよりＢが多い」という判断ができるお子さまなら、それほど難しい問題ではなかったかもしれません。小学校受験では「集合Ａより集合Ｂの方が多い（少ない）と感覚的に判断しないと余裕を持って答えられない」という場合があります。本問では１つの四角にあるものを１つひとつ数えていっても時間内に答えられるかもしれませんが、余裕がなくなるだけでなく、ケアレスミスも起こしやすくなるので、「ひと目で判断できる」という感覚を持つことを目指してください。

【おすすめ問題集】
Ｊｒ・ウォッチャー14「数える」、15「比較」、58「比較②」

問題13　分野：言語（しりとり）

〈解 答〉　○：キツネ

言語は当校の頻出分野です。それほど難しい問題は出ないので、基礎をしっかり学習しておきましょう。ここでは「積み木」と「ネコ」をつなぐ言葉ということなので、すぐに答えがわかるのではないでしょうか。もし解けないとすると、絵が何かわからない場合ぐらいでしょう。もちろん、出題方法には慣れておいた方がよいので、同じ分野の問題をある程度こなしておくことは必要ですが、あきるほど数多く解く必要はありません。年齢相応の語彙が身に付いている判断できるようならそれで充分です。

【おすすめ問題集】
Ｊｒ・ウォッチャー49「しりとり」

問題14　分野：図形（点・線図形）

〈解 答〉　省略

本問は左側に書かれている見本の図形を模写する問題です。点を直線でつなぐ問題（点・線図形）は連続して出題されています。始点（書き始める点）と終点の位置以外にはあまり注意をする点はないので、時間内に終わるように、ていねいに線を引いてください。始点を確認する際には「上から○番目、左から×番目」とその位置を再確認してから作業に取り掛かることです。なお、意外に気を付けておいた方がよいのは筆記用具の使い方です。間違った持ち方をしているとチェックされるかもしれません。

【おすすめ問題集】
Ｊｒ・ウォッチャー１「点・線図形」、51「運筆①」、52「運筆②」

問題15　分野：図形（合成）

〈解 答〉　下図参照

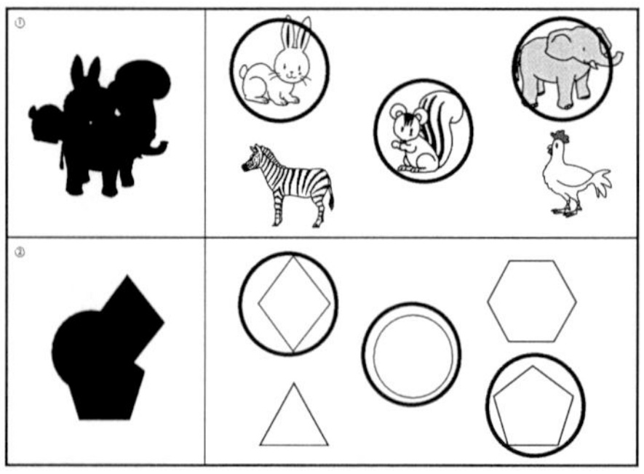

影絵なので、選択肢の絵や図形の特徴を踏まえて、それが影になっているかどうかを判断します。例えば、ゾウなら鼻、ウサギなら耳といった部分の形を影絵の中に探すわけです。②は図形が選択肢になっていますが、これも同じ考え方で答えられるでしょう。○や△の部分が影絵になっていないかを探せばよいのです。また、選択肢と重なっている絵の向きが変わっている問題では、頭の中で図形（絵）を動かすという作業が加わるので、難しさが大きく違ってきます。

【おすすめ問題集】
Ｊｒ・ウォッチャー９「合成」

問題16　分野：運動・行動観察

〈解 答〉　省略

「転がしドッヂボール」は当校で例年出題されている課題です。グループで行うものなので、ご家庭で入試と同様の練習をするのは無理ですが、内容は知っておいた方がよいでしょう。本年度の準備運動は平均台を渡ることに変更されていますが、ほかに変更点はありません。観点も変更なく集団で課題に取り組む姿勢、つまり協調性です。行動観察はある意味入学してからのシュミレーションで、「入学して授業を問題なく受けられるか」「のびしろはあるか」ということをチェックするためのものです。そう考えれば、どのように振る舞えばよいかは自ずとわかるでしょう。

【おすすめ問題集】

Ｊｒ・ウォッチャー28「運動」、29「行動観察」

問題17　分野：行動観察

〈解 答〉　省略

繰り返しになりますが、行動観察は、お子さまが入学してからの姿を想像するためのものですから、少なくとも「入学させても問題ない」と思わせるような行動を取りたいところです。問題なく集団で作業をし、積極的に行動する姿勢を見せることができれば、悪い評価は受けません。コップを高く積めることにあまり意味はなく、年齢なりの器用さがあることを確認できれば、問題ないのです。お子さまにこういったことを説明をしても仕方のないことですから、試験に臨む際には「ふだん通りにしなさい」と一言を声をかけておきましょう。

【おすすめ問題集】

Ｊｒ・ウォッチャー29「行動観察」

問題18　分野：面接（保護者面接）

〈解答〉　省略

面接の内容はごく簡単なもので、面接というよりは入学の意思確認のようなものと考えてください。よほど突拍子のないことを言わなければ問題になることはないでしょう。とは言っても、志望動機や家庭の教育方針、希望の進路など重要なことはあらかじめ話し合っておいた方がよいでしょう。こうしたことにスムーズに答えられないと、教育に対して関心が低いのかと思われてしまいます。全体的には雰囲気は穏やかなのでリラックスして臨んでよい面接です。

【おすすめ図書】
新・小学校面接Ｑ＆Ａ、入試面接最強マニュアル

問題19　分野：記憶（絵の記憶）

〈解 答〉　○：シカ、ハト、三輪車

当校では絵の記憶の問題は頻出しているので、必ず押さえておきたい分野の１つです。記憶する絵はだいたい３～４つと、数はそれほど多くありません。しっかりと練習していれば解ける問題と言えます。例年同じ形式なので当校の過去問題を解いていけば、それが対策になります。絵を記憶する際は、絵を見る順番を「左から右へ」「上から下へ」と一定にすると頭に残りやすくなるでしょう。このようにして、ある程度記憶できるようになれば、記憶する時間を短くして取り組んでみましょう。３～４つのものを記憶する場合でも、時間が違えば難しさは変わってきます。この問題は30秒で記憶するので、ふだんはお子さまにそれよりも短い時間で慣れさせておけば、入試本番で心の余裕が生まれます。

【おすすめ問題集】
　Ｊｒ・ウォッチャー20「見る記憶・聴く記憶」

問題20　分野：数量（計数）

〈解 答〉　①左：チョウチョ　②右：モモ　③左：ゴリラ　④右：バナナ
　⑤真ん中：自転車

徐々に数えるものの数が増えていくので、はじめの方でつまずかないように気を付けましょう。小学校受験の数量では、10程度が数えられることが基本になりますが、本問では10を超える数をかぞえなければなりません。ですが、10を超えたからといって急に難しくなるわけではないので、学習を進める中で10以上の数にも対応できるようにしておけば安心です。また、入試が近くなってきたら、数えるのではなく、いくつあるかを見て認識できるようになってほしいところです。10以上の数を１つひとつ数えるほど、解答時間に余裕はありません。ぱっと見ていくつかわかることが理想ではありますが、少なくとも多少の違いはわかるようにしておきましょう。

【おすすめ問題集】
　Ｊｒ・ウォッチャー14「数える」、15「比較」、58「比較②」

問題21　分野：常識（知識）

〈解 答〉　ハサミ、磁石

こうした問題では、知識して知っているかどうかではなく、実際にものを水に浮かべたり、沈めたりしたことがあるかどうかという体験の有無が観られています。ということは、出題されるものは身近にあるものばかりです。ペーパー学習で、「沈むもの」「沈まないもの」というように暗記をするのではなく、お風呂などで、実際にその様子を見せてあげることの方が、より効果的な学習になります。そうした経験を繰り返していくと、「金属でできたものは沈む」「木でできたものは浮く」というように、素材によって浮くものと沈むものの違いがあるということに気付くのです。そうした感覚を身に付けることができれば、浮くものと沈むものを細かく覚えなくても答えられるようになります。手間がかかる方法に思えるかもしれませんが、応用できる範囲を考えれば、むしろ効率的と言えるかもしれません。

【おすすめ問題集】
Ｊｒ・ウォッチャー11「いろいろな仲間」

問題22　分野：常識（理科）

〈解 答〉　○：魚、カブトムシ、クワガタ、ヘビ、チョウチョ、カラス

常識の中でも、理科常識は生活の中で身に付けにくい分野です。本問のような生きものの産まれ方は、小学校受験でもよく出題されていますが、日常生活の中で自然に得られる知識ではありません。だからといって、丸暗記させるようなやり方では、よい学習とは言えません。お子さまの興味や関心のあるところから始めていきましょう。ご家庭でイヌやネコを飼っているのであれば、どうやって産まれるのか知っているか聞いてください。釣りが好きなら魚のこと、カブトムシが好きなら昆虫のこと、というように好きなものをきっかけにして、知識を広げていくとよいでしょう。インターネットなどで、動画や画像を見ることが簡単な時代です。そうしたメディアも活用して、学習を進めていってください。

【おすすめ問題集】
Ｊｒ・ウォッチャー27「理科」、55「理科②」

問題23　分野：図形（合成）

〈解答〉　①左端、右端　②左端、右から２番目　③左端、右端
④左から２番目、右から２番目

使うパーツが２つと明示されているので、取り組みやすい問題と言えます。こうした問題の基本は大きなパーツから当てはめていくことです。その空いたところに入るパーツを考えればよいということになります。ただ、本問ではパーツは２つだけなので、感覚的に答えられるお子さまも多いでしょう。もし、難しいと感じているようなら、問題を切り取って手を動かしながら考えていくとよいでしょう。実際に手を動かして考えることは、図形の基礎になります。そうした経験を積み重ねることで、頭の中で図形を動かすことができるようになります。ペーパーに偏りがちな分野ではありますが、それ以前に手を動かして考えることが重要なポイントになるのです。

【おすすめ問題集】
Ｊｒ・ウォッチャー４「同図形探し」、９「合成」

問題24　分野：図形（重ね図形）

〈解答〉　①箸、皿、鉛筆　②ネコ、シカ、イヌ

絵がシルエットになっているので、形の特徴をとらえることができるかどうかが最大のポイントです。本問では、選択肢と重なっている絵が同じ向きなのでわかりやすい問題と言えるでしょう。一般的には、図形や道具などの絵が多いのですが、動物のシルエットという珍しい出題なので少し戸惑うかもしれません。ただ、動物の方が特徴的な部分が多いとも言えるので、しっかり見比べれば問題ありません。選択肢と重なっている絵の向きが変わっている問題では、頭の中で図形（絵）を動かすという作業が加わるので、難しさが大きく違ってきます。本問が簡単にできるというお子さまは、応用問題として取り組んでみてもよいでしょう。

【おすすめ問題集】
Ｊｒ・ウォッチャー35「重ね図形」

問題25　分野：運動

〈解 答〉　省略

本問の課題は当校で例年出題されています。７人程度のグループを作らなければならないので、ご家庭で入試と同様の練習をするのは無理ですが、どういった問題なのかを知っておいた方がよいでしょう。イラストを見て、お子さまといっしょに予習しておいてください。ここでは、準備運動のケンパや、ボールを転がして行うドッジボールなど、集団で課題に取り組む中でどのように振る舞うかが観られています。運動能力を観ているのではありません。先生の指示を聞くこと（状況を把握する力）、元気に主体的に取り組むこと（積極性、素直さ）、指示を守ってゲームを成立させること（協調性）、お友だちとコミュニケーションをとって共同作業を行うこと（社会性）、マナーを守ること（公共性）など、運動能力以外のことも評価のポイントなのです。これらは、お子さまが入学後に学校生活を営んでいく上で、大切となってくることです。日常生活を通してお子さま自身が自然に身に付けていけるように、家庭内でのコミュニケーションやお友だちとの遊びの時間を大切にしてください。

【おすすめ問題集】

Ｊｒ・ウォッチャー28「運動」、29「行動観察」

問題26　分野：行動観察

〈解 答〉　省略

毎年課題は変化していますが、行動観察で重要なのはどんな課題かではなく、どんな行動をするかということです。グループ課題のポイントは「協調性」と「積極性」です。それ以外にも観られている項目はありますが、この２つさえしっかりとできていれば、悪い評価になることはありません。「これをしてはダメ」「あれをしてはダメ」と言って萎縮させてしまうと、かえって悪い結果にもつながりかねません。みんなと仲良くできることが、行動観察では最高の評価になります。それは、入学後の学校生活を考えれば、理解できるでしょう。行動観察に関して、非常に細かなことまで気にしてしまう保護者の方もいますが、行動観察の意味をよく考えれば、もう少しゆとりをもって取り組むことができるでしょう。

【おすすめ問題集】

Ｊｒ・ウォッチャー29「行動観察」

問題27　分野：記憶（絵の記憶）

〈解 答〉　○：飛行機、ヘリコプター

描かれているものが正しく記憶されているかどうかが問われる、絵の記憶の問題です。この問題形式は過去５年間で２度出題されています。解き方は後で述べますが、まず、このような問題が出題されるということを意識しておくとよいでしょう。本問では、最初に見た絵と次に見た絵の両方に描かれているものを選びます。位置は問われませんので、１つひとつ何が描かれているのかをていねいに記憶するようにしてください。家庭で学習する時は、お子さまに絵を見せ終えた時に、すぐに次の絵を見せるのではなく、今見た絵に何が描かれていたか、聞いてください。１つひとつ答えられるようであれば、容易に正解できるでしょう。また、答えられなかった場合に、もう一度１枚目の絵を見せ直すということはしないようにしましょう。見せてもらえるという期待が集中力を欠いてしまいます。絵の数を増やしたり、同じような絵でもどこかが違う絵などで練習を繰り返していけば、正解できるようになります。

【おすすめ問題集】
Ｊｒ・ウォッチャー20「見る記憶・聴く記憶」

問題28　分野：言語（しりとり）

〈解 答〉　左（タコ）

当校では「言葉の音（おん）」の問題がほぼ毎年出題されています。音（おん）の問題に限らず、ほかの言語分野の問題も頻繁に扱われています。どのような形式の問題が出題されても解答できるように取り組んでおきましょう。さて、この問題の解き方ですが、上の段の「？」部分の前後が「クワガタ」、「コマ」となっています。そうすると「タ」で始まり、「コ」で終わる言葉が正解ということになります。なお、言語分野のどの問題にも言えることですが、お子さまが出題されているものの名前を一般的な表現ではなく、幼児語などで覚えていると、それが「何か」はわかっていても、問題に答えられないことがあります。言葉の音（おん）が違うことがあるからです。一般的な言葉の語彙を増やし、言葉の使い方をしっかり身に付けるには、コミュニケーションを頻繁にとることはもちろんですが、読み聞かせも習慣にしたいところです。また、言語、常識など知識を問う分野のやっかいなところは、お子さまが見たことがないと、当然答えることはできないことです。図鑑やほかのメディアを活用して知識や語彙を増やすことをこころがけましょう。

【おすすめ問題集】
Ｊｒ・ウォッチャー17「言葉の音遊び」、49「しりとり」
60「言葉の音（おん）」

問題29　分野：数量（比較）

〈解 答〉　①○：左、△：右　②○：真ん中、△：左　③○：右、△：左
④○：右、△：左

本問は絵に描かれたものの多少を確認する問題です。数量分野の問題は例年出題されていますが、この問題のような１番多いものと少ないものを選ぶ、という問題だけではなく、いくつかの選択肢から２番目、３番目に多いものや少ないものを問われることもあります。選択肢ごとに数を正確に数えれば、それで終わりというわけではなく、その順位付けが必要なので、「いくつあったか」も記憶しておかないとなりません。もっとも、この問題では10以下の数しか取り扱われていません。小学校受験では基本的には10以下の数しか取り扱っていないので、それほど苦労はしないでしょう。なお、10以下の数については、指折り数えるのではなく、一見して把握できるようにしておくとよいでしょう。こうした問題にスムーズに答えられるようになります。

【おすすめ問題集】
Ｊｒ・ウォッチャー14「数える」、15「比較」

問題30　分野：推理（欠所補完）

〈解 答〉　下図参照

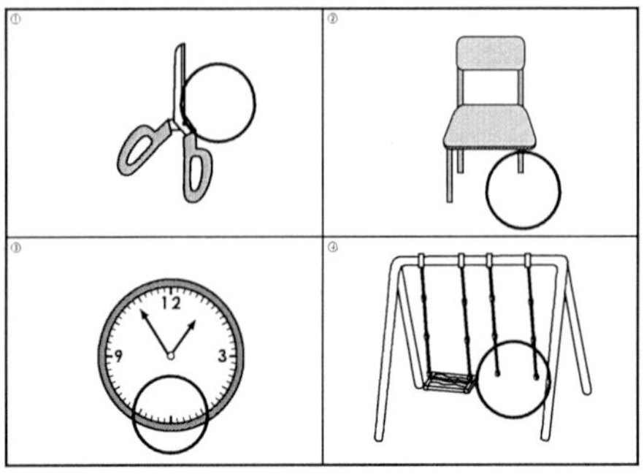

欠所補完の問題は、当校では頻出しています。本問は完成品から欠けているところを指摘させる問題ですが、過去には欠けているところに合う形（部品・部分）を選択肢から選ばせるパズル形式の出題もありました。本問を見ると、ハサミ、椅子、時計、ブランコの１部分の絵が欠けています。このように問題で扱われているもののほとんどが日常で使うものです。いつも使っているものとの違いを気にしながら観察すると、欠けてる部分が見えてくるでしょう。観察する時は、目の配り方がポイントになります。まず、それが何なのか、全体像を把握してから、細かい部分に目を向けます。流れの中で観察すれば、見落としが減り、欠所に気が付きやすくなるということです。また、この問題で欠所になっているのはそのものの特徴と言える部分です。椅子は何本の足か、ハサミの刃は何枚なのかと説明をさせてみると、欠けているところに気付くでしょう。

【おすすめ問題集】
Ｊｒ・ウォッチャー31「推理思考」、59「欠所補完」

問題31　分野：図形（点つなぎ）

〈解 答〉　省略

本問は左側に書かれている見本の図形を模写する問題です。当校では図形分野の問題が例年出題されていますが、点を直線でつなぐ問題（点・線図形）はここ数年扱われていませんでした。もちろん、図形分野の問題は頻出なので、さまざまな問題に対応できるような準備をしておくとよいでしょう。本問では、左の図形と同じ位置に図形を書きます。それほど時間に余裕がないので、どこから書けばよいのかと迷って、時間を使ってしまわないように、自分なりの始点をあらかじめ決めておくとよいでしょう。そして、その点から「上から○番目、左から×番目」と確認して、１つひとつ線を引くことを、繰り返します。同じ作業を繰り返すわけですから、段々と効率も上がり、時間内の作業が可能になってきます。

【おすすめ問題集】
Ｊｒ・ウォッチャー１「点・線図形」、51「運筆①」、52「運筆②」

問題32　分野：図形（同図形探し）

〈解 答〉　①右　②左　③右

本問は見本と同じ絵を探す同図形探しの問題です。本問のポイントは、同じもののどの部分が違っているのかを見つけられるかです。それぞれの形に対して、全体像をつかんでから細かい部分に目を向けるという観察の基本に従って、図形を見る習慣をつけさせてください。そうすれば、どの部分が違っているか見つけられるでしょう。お子さまが細かい部分にも目を配れているかどうかをチェックするには、「それがどうなっているか」を説明させるとよいでしょう。例えば①の場合、お手本の時計の針はどの部分にあるか、選択肢の時計の針はどの部分にあるか、といった感じです。細かい部分に対して、「お手本の時計の短い針は右上のところにあって、長い針は……」と言えれば、違っている部分を見つけることは簡単でしょう。

【おすすめ問題集】
Ｊｒ・ウォッチャー４「同図形探し」

問題33　分野：図形（積み木）

〈解 答〉　○：9

重ねられた積み木を数える問題です。積み木の数え方にはさまざまな方法がありますが、1番わかりやすいのは、下から上へ数えていく方法でしょう。例えば本問の場合、積み木は3段になっていて、1番下の段には5つ、真ん中の段には3つ、1番上の段には1つの合計9つの積み木が積まれています。1番下の段に積み木が2列以上並べられている時は、奥に置かれた下の積み木はその上の積み木によって隠されていると考えます。これが理解できていれば問題はありませんが、日常生活で積まれた積み木を見ることは少ないので、難しいかもしれません。実際に、積み木をこの形に積んで、お子さま自身が見る体験をすれば、気付くことができるようになります。さまざまな形に積み上げ、その形はいくつでできているのか数えてみましょう。そのたびに知識が増えていきます。

【おすすめ問題集】

Ｊｒ・ウォッチャー16「積み木」

ノートルダム清心女子大学附属小学校　専用注文書

年　　月　　日

合格のための問題集ベスト・セレクション

＊入試頻出分野ベスト３

1st　図　形
集中力　思考力　観察力

2nd　数　量
集中力　聞く力

3rd　言　語
聞く力　思考力　知　識

当校の問題は、あらゆる分野から幅広く出題されます。見本と同じ絵を探す問題や欠所補完の問題のような集中力と観察力が必要となる問題が多いので、得意分野にしておきましょう。

分野	書　名	価格(税込)	注文	分野	書　名	価格(税込)	注文
図形	Ｊｒ・ウォッチャー1「点・線図形」	1,650円	冊	言語	Ｊｒ・ウォッチャー49「しりとり」	1,650円	冊
図形	Ｊｒ・ウォッチャー4「同図形探し」	1,650円	冊	巧緻性	Ｊｒ・ウォッチャー51「運筆①」	1,650円	冊
図形	Ｊｒ・ウォッチャー9「合成」	1,650円	冊	巧緻性	Ｊｒ・ウォッチャー52「運筆②」	1,650円	冊
数量	Ｊｒ・ウォッチャー14「数える」	1,650円	冊	図形	Ｊｒ・ウォッチャー53「四方からの観察　積み木編」	1,650円	冊
数量	Ｊｒ・ウォッチャー15「比較」	1,650円	冊	推理	Ｊｒ・ウォッチャー59「欠所補完」	1,650円	冊
図形	Ｊｒ・ウォッチャー16「積み木」	1,650円	冊	言語	Ｊｒ・ウォッチャー60「言葉の音（おん）」	1,650円	冊
言語	Ｊｒ・ウォッチャー19「お話の記憶」	1,650円	冊		1話5分の読み聞かせお話集①②	1,980円	各　冊
言語	Ｊｒ・ウォッチャー20「見る記憶・聴く記憶」	1,650円	冊		お話の記憶 初級編・中級編・上級編	2,200円	各　冊
運動	Ｊｒ・ウォッチャー28「運動」	1,650円	冊		新運動テスト問題集	2,420円	冊
観察	Ｊｒ・ウォッチャー29「行動観察」	1,650円	冊		新 小学校受験の入試面接Ｑ＆Ａ	2,860円	冊
推理	Ｊｒ・ウォッチャー31「推理思考」	1,650円	冊		家庭で行う面接テスト問題集	2,200円	冊
常識	Ｊｒ・ウォッチャー34「季節」	1,650円	冊		保護者のための入試面接最強マニュアル	2,200円	冊
図形	Ｊｒ・ウォッチャー35「重ね図形」	1,650円	冊		小学校受験で知っておくべき125のこと	2,860円	冊
数量	Ｊｒ・ウォッチャー37「選んで数える」	1,650円	冊		小学校受験入門　願書の書き方から面接まで	2,750円	冊

合計	冊	円

（フリガナ） 氏　名	電　話 ＦＡＸ E-mail
住 所 〒　　　－	以前にご注文されたことはございますか。 有　・　無

★お近くの書店、または記載の電話・FAX・ホームページにてご注文をお受けしております。
電話：03-5261-8951　FAX：03-5261-8953　代金は書籍合計金額＋送料がかかります。
※なお、落丁・乱丁以外の理由による商品の返品・交換には応じかねます。
★ご記入頂いた個人に関する情報は、当社にて厳重に管理致します。なお、ご購入の商品発送の他に、当社発行の書籍案内、書籍に関する調査に使用させて頂く場合がございますので、予めご了承ください。

日本学習図書株式会社
http://www.nichigaku.jp

〈就実小学校〉

※問題を始める前に、本文の「家庭学習ガイド」「本書ご使用方法」「ご使用にあたっての注意点」をご覧ください。

2022年度の最新問題

問題34　分野：記憶（お話の記憶）

〈準備〉　赤のクーピーペン

〈問題〉　今からお話をしますので、よく聞いて後の質問に答えてください。

今日はえみちゃんの弟、としや君の誕生日です。えみちゃんは、お母さんからイチゴのショートケーキの材料のお使いを頼まれました。お母さんはえみちゃんにイチゴ、ミカン、バナナをお願いしました。えみちゃんはカバンと財布を持って出掛けました。
お店に着くと、３人も並んでいました。えみちゃんは一番後ろに並んで待ちました。順番が来ると、お店のおじさんが「今日は一人でお使いかい？えらいね。」と言いました。えみちゃんはおじさんに、「イチゴとミカンとバナナをください。」と言いました。帰るとき、お店のおじさんに「おみやげだよ」と大きなリンゴをもらいました。
帰り道で、お友達の森本君に会いました。近くの公園のブランコで、少しだけ一緒に遊んで帰りました。公園の周りの木から、セミの鳴き声が聞こえていました。

①えみちゃんがお使いに行くとき、持って行ったものに○をつけてください。
②えみちゃんがお母さんに頼まれて買ったものは何ですか。○をつけてください。
③お店に着いたとき何人待っていましたか。その数を赤色で塗ってください。
④えみちゃんと森本君が公園で遊んだものに○をつけてください。
⑤としや君が生まれた季節と同じ季節のものに○をつけてください。

問題35　分野：言語（しりとり）

〈準備〉　鉛筆

〈問題〉　絵を見てください。矢印からスタートして、しりとりでつなぎながら、黒丸のところまで線を引いてください。

〈時間〉　30秒

問題36　分野：言語（同頭音）

〈準備〉　鉛筆

〈問題〉　左の絵と右の絵で、同じ音から始まるもの同士を線で結んでください。

〈時間〉　30秒

問題37　分野：言語（音）

〈準備〉　鉛筆

〈問題〉　絵を見てください。この絵の中で、最後の音が「ん」ではないものに○をつけてください。

〈時間〉　20秒

問題38　分野：数量（数える）

〈準備〉　鉛筆

〈問題〉　左の四角の中には、いくつ物が入っているでしょうか。同じ数だけ右の四角の中に○を書いてください。

〈時間〉　30秒

問題39　分野：数量（数の合成）

〈準備〉　鉛筆

〈問題〉　左側の数にするには、右側のどれを組み合わせればよいでしょうか。その四角に○をつけてください。

〈時間〉　30秒

問題40　分野：図形（点結び）

〈準備〉　鉛筆

〈問題〉　左の絵と同じ形になるように、点と点を線で結んでください。２枚目も同じようにやってください。

〈時間〉　１分

問題41　分野：数量（系列）

〈準備〉　鉛筆

〈問題〉　上の絵の空いているところには何が入るでしょうか。下から探して○をつけてください。

〈時間〉　15秒

問題42　分野：常識（季節）

〈準 備〉　鉛筆

〈問 題〉　左の物と右の物で、関係のあるものを線で結んでください。

〈時 間〉　15秒

問題43　分野：常識（理科）

〈準 備〉　鉛筆

〈問 題〉　上の物と下の物で、関係のあるものを線で結んでください。

〈時 間〉　20秒

問題44　分野：常識（マナー）

〈準 備〉　鉛筆

〈問 題〉　この中で悪いことをしているお友達全員に、△をつけてください。

〈時 間〉　15秒

問題45　分野：図形（模倣積み木）

〈準 備〉　積み木

〈問 題〉　ここにある積み木を、この絵と同じように積んでください。終わったら手を挙げてください。

〈時 間〉　30秒

家庭学習のコツ③　効果的な学習方法～問題集を通読する

過去問題集を始めるにあたり、いきなり問題に取り組んではいませんか？　それでは本書を有効活用しているとは言えません。まず、保護者の方が、すべてを一通り読み、当校の傾向、ポイント、問題のアドバイスを頭に入れてください。そうすることにより、保護者の方の指導力がアップします。また、日常生活のさまざまなことから、保護者の方自身が「作問」することができるようになっていきます。

問題46　分野：巧緻性（絵画制作）

〈準備〉　折り紙（色は自由）、Ｂ４の画用紙、クレヨン、のり

〈問題〉　**この問題の絵はありません。**

好きな色の折り紙で△を折って画用紙に貼ってください。空いているところに、お友達と公園で遊んでいる絵を描いてください。

〈時間〉　適宜

問題47　分野：運動

〈準備〉　跳び箱

〈問題〉　**この問題の絵はありません。**

①今から言う通りにしてください。その場所で手を大きく振って行進します。
②私がやる体操を一緒にやりましょう。初めはお手本を示しますので、続いて一緒にやってください。
・ラジオ体操第一を、モニタを見ながらフルコーラスでやる。
③跳び箱にあがって、ジャンプで降りてください。

問題48　分野：行動観察

〈準備〉　フリスビー（この問題は複数人で行う）

〈問題〉　**この問題の絵はありません。**

①同じ人数で２組に分かれてください。これから、どんじゃんけんをします。負けた人は列の一番後ろに並んでください。
②先生にフリスビーを投げてください。終わったら列の後ろで三角座りをして待っていてください。

〈時間〉　適宜

問題49　分野：保護者面接

〈準備〉　なし

〈問題〉　**この問題の絵はありません。**

・この学校を志願された理由をお聞かせください。
・将来お子さんにはどのような人になってほしいとお考えですか。
・お子さんの性格で長所と短所をお聞かせください。

〈時間〉　即答

家庭学習のコツ④　効果的な学習方法～お子さまの今の実力を知る

１年分の問題を解き終えた後、「家庭学習ガイド」に掲載されているレーダーチャートを参考に、目標への到達度をはかってみましょう。また、あわせてお子さまの得意・不得意の見きわめも行ってください。苦手な分野の対策にあたっては、お子さまに無理をさせず、理解度に合わせて学習するとよいでしょう。

☆就実小学校

問題３４

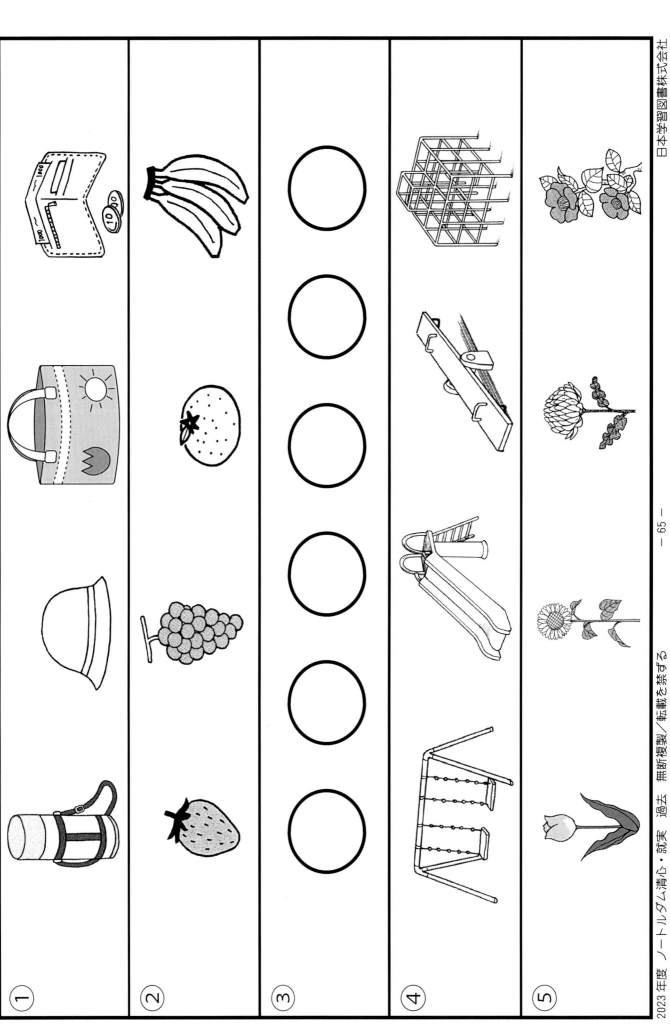

①

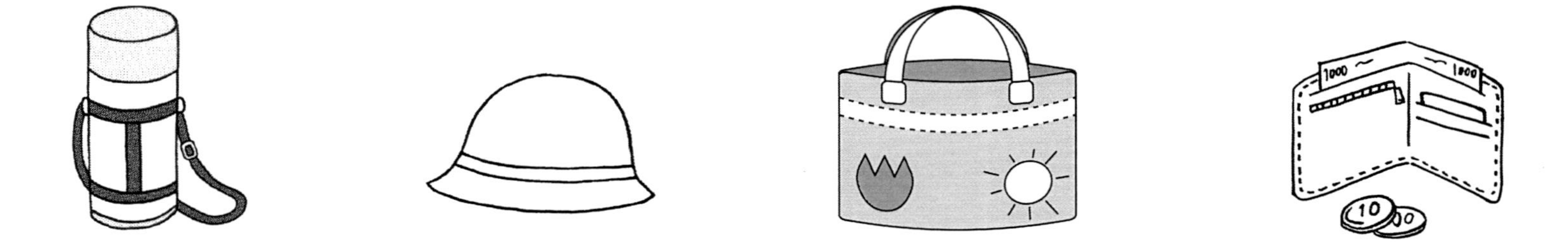

②

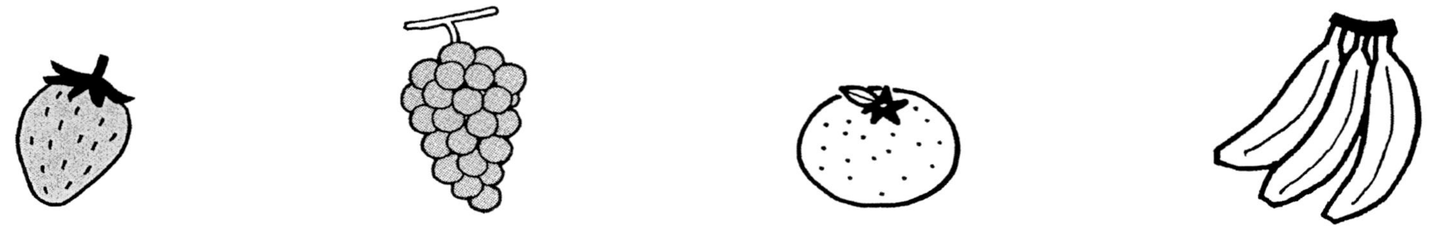

③

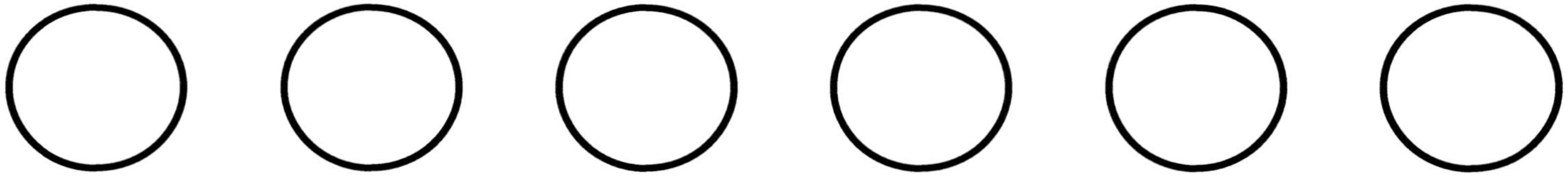

④

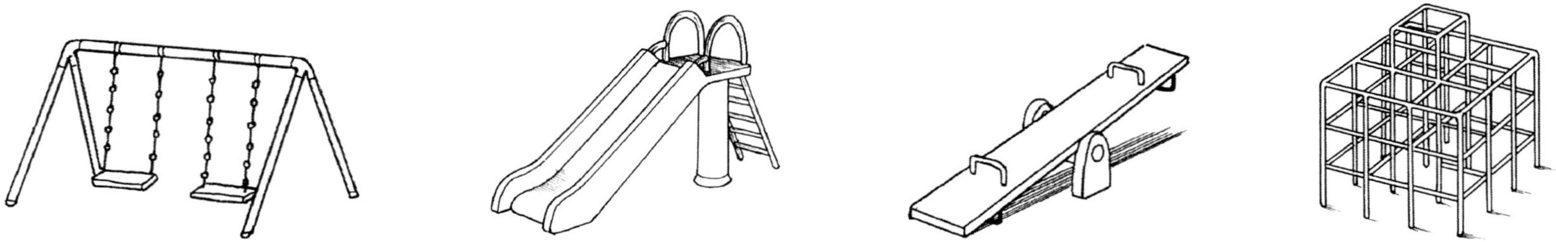

⑤

   日本学習図書株式会社

問題３５

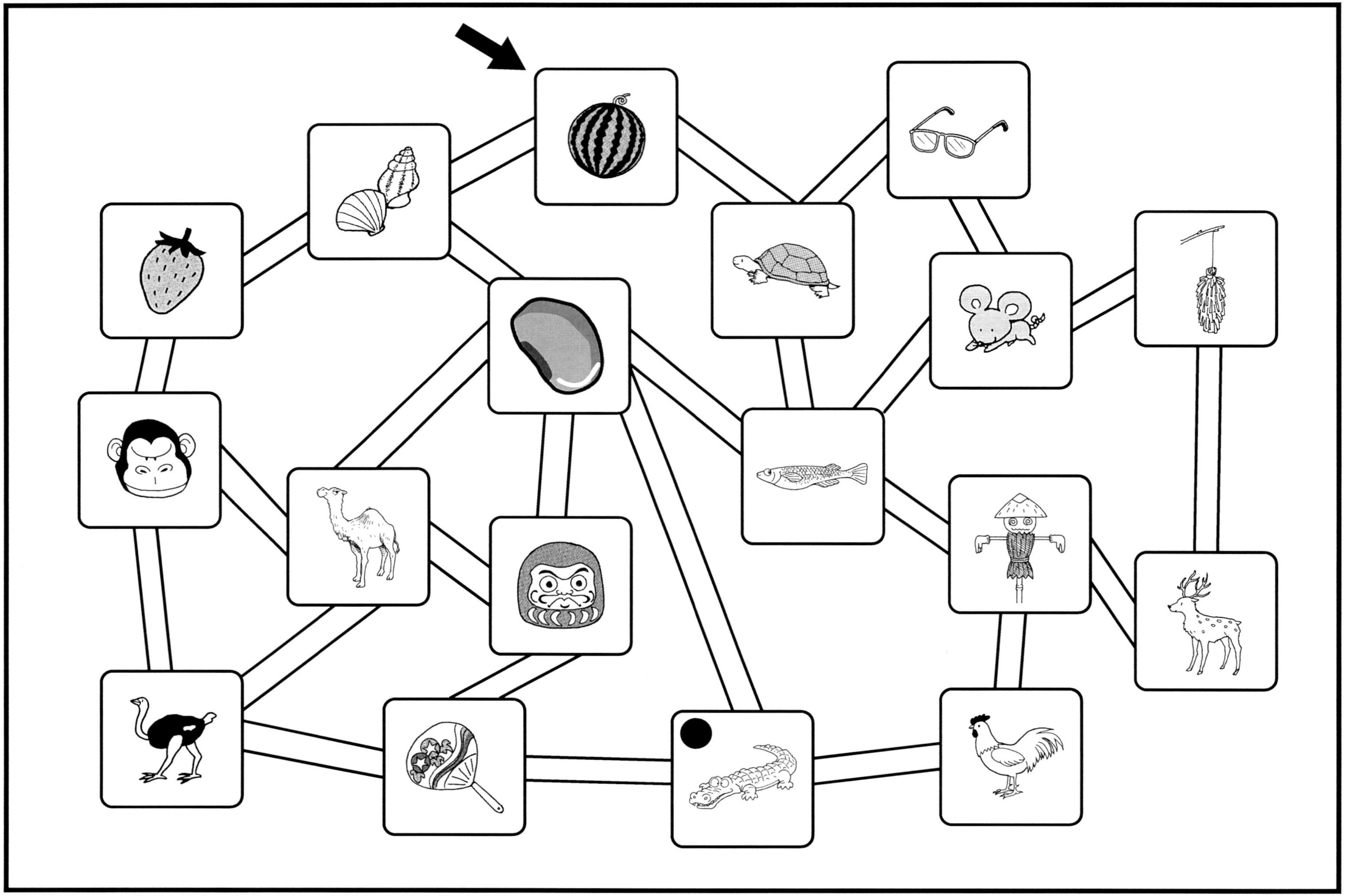

問題３６

①

②

☆就実小学校

2023 年度 ノートルダム清心・就実 過去 無断複製／転載を禁ずる　日本学習図書株式会社

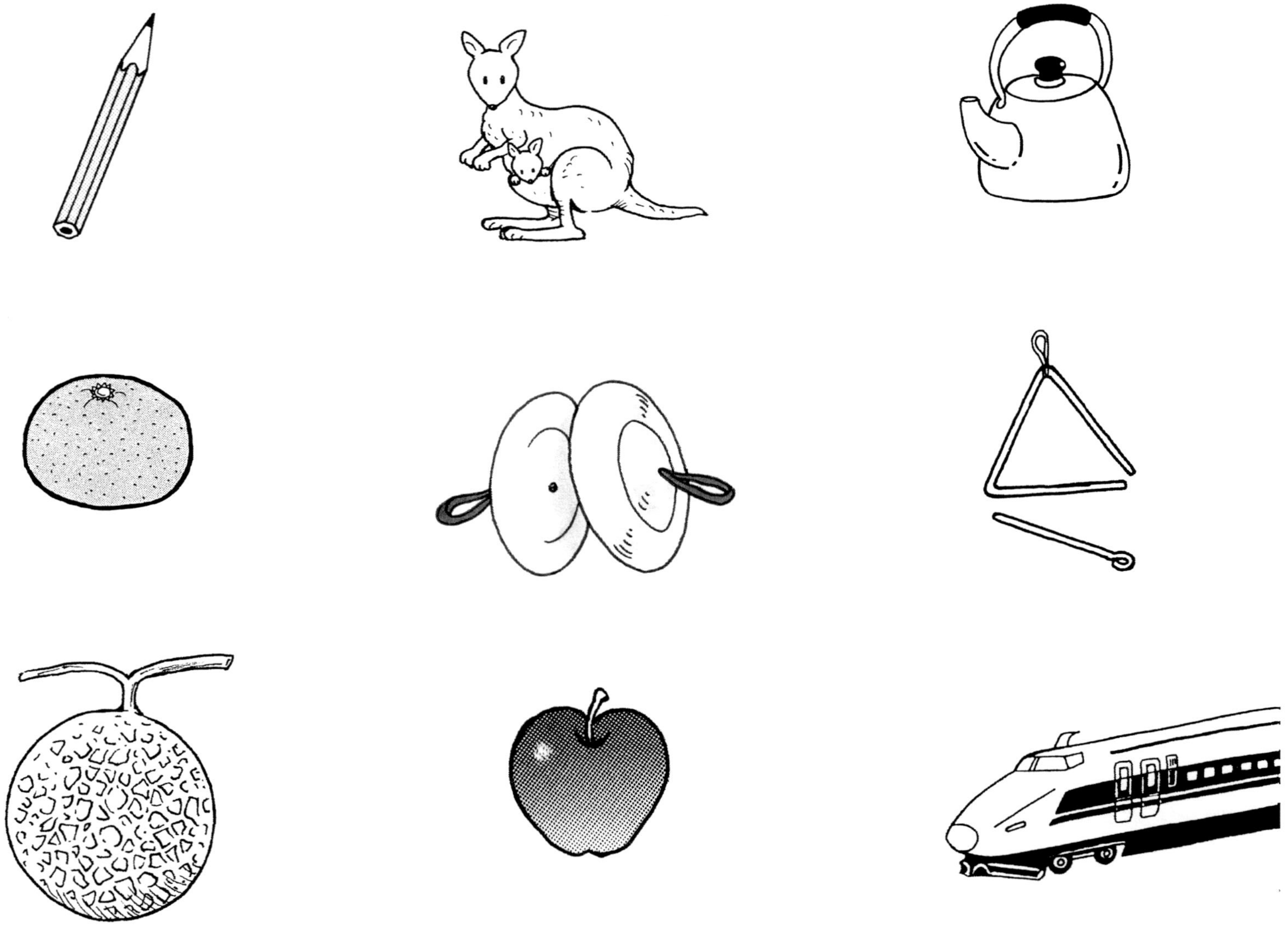

☆就実小学校

問題３８

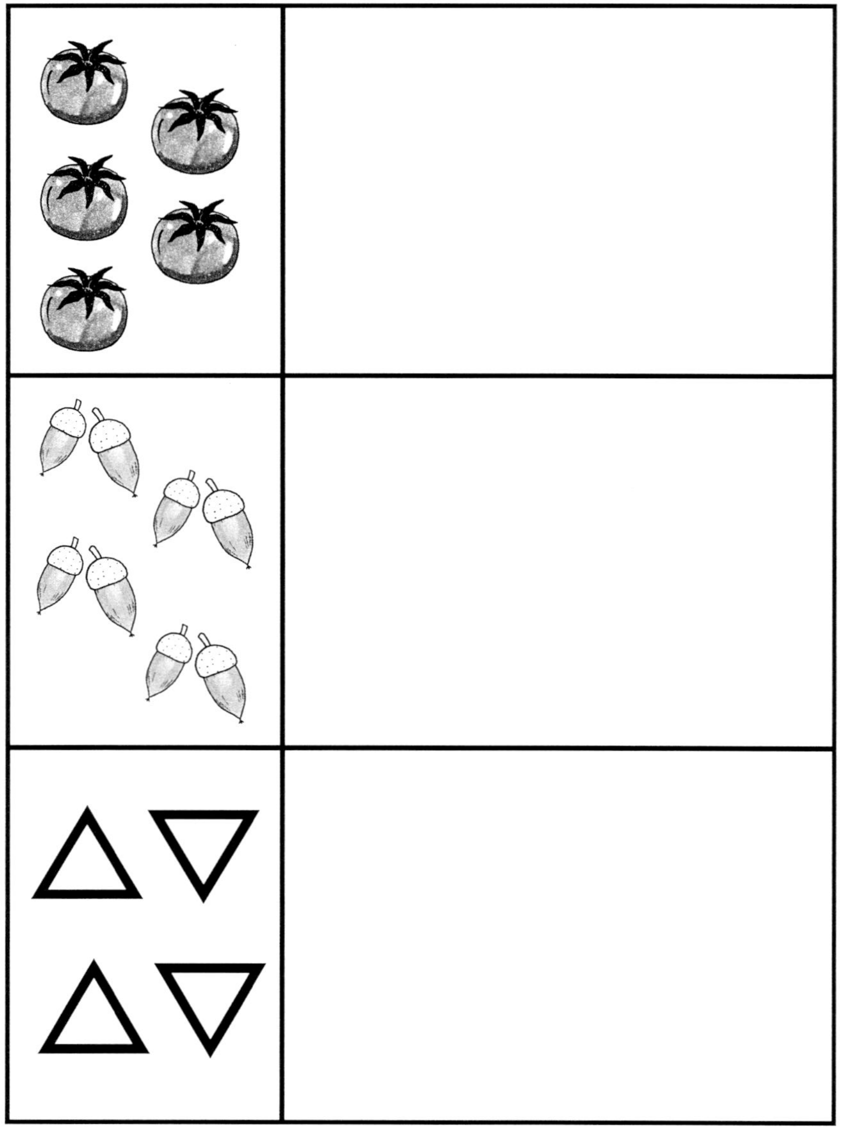

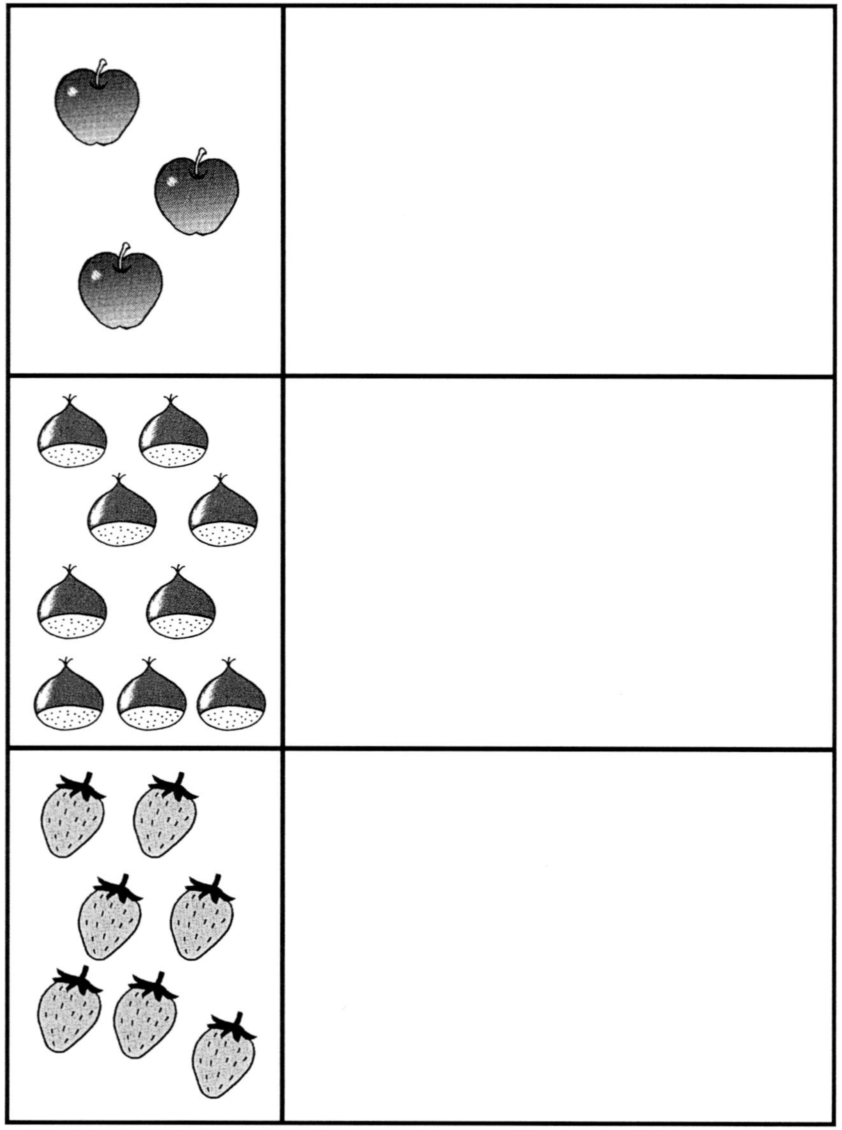

☆就実小学校

問題39

日本学習図書株式会社

☆就実小学校

問題４０－１

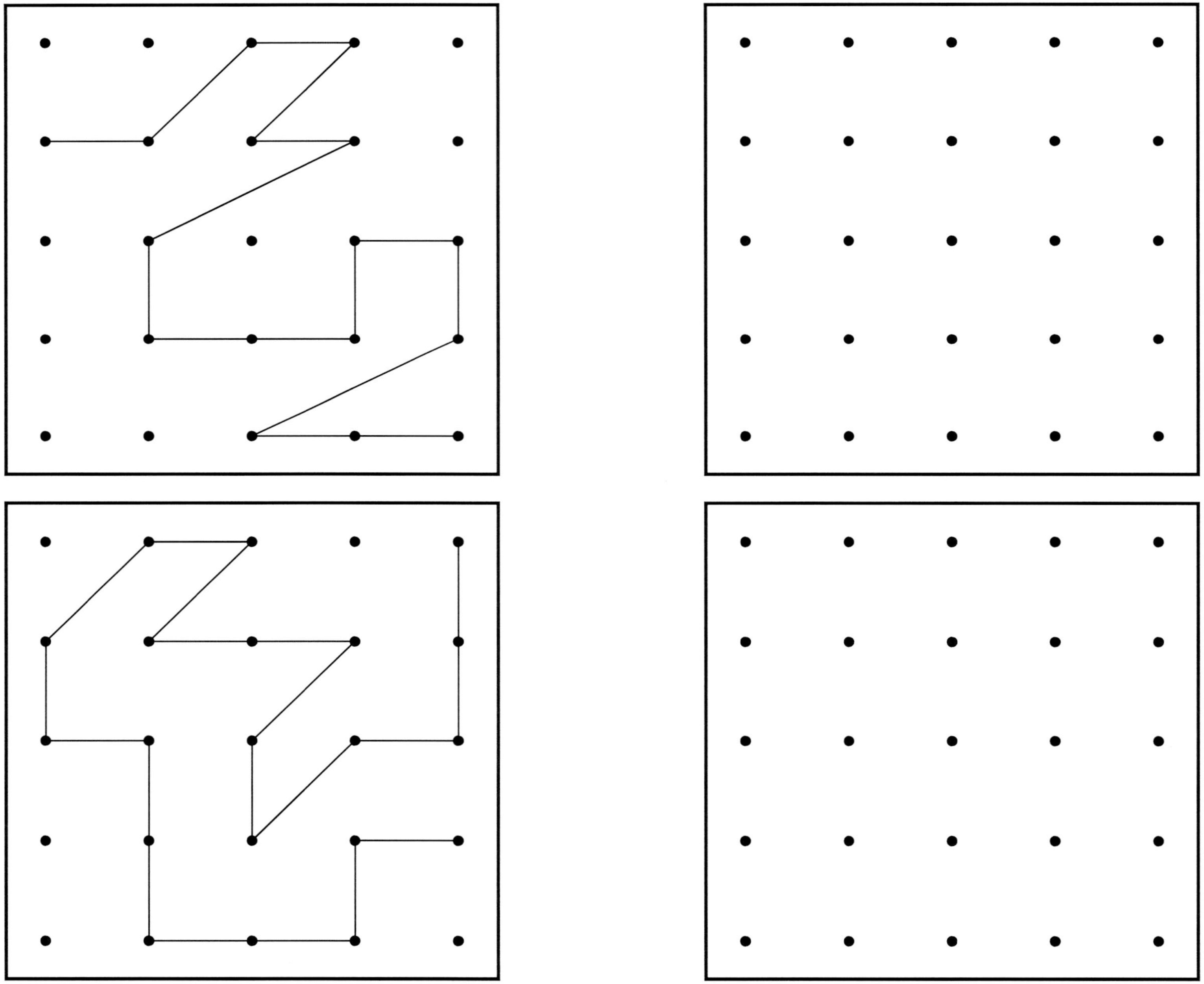

☆就実小学校

2023年度 ノートルダム清心・就実 過去 無断複製／転載を禁ずる　日本学習図書株式会社

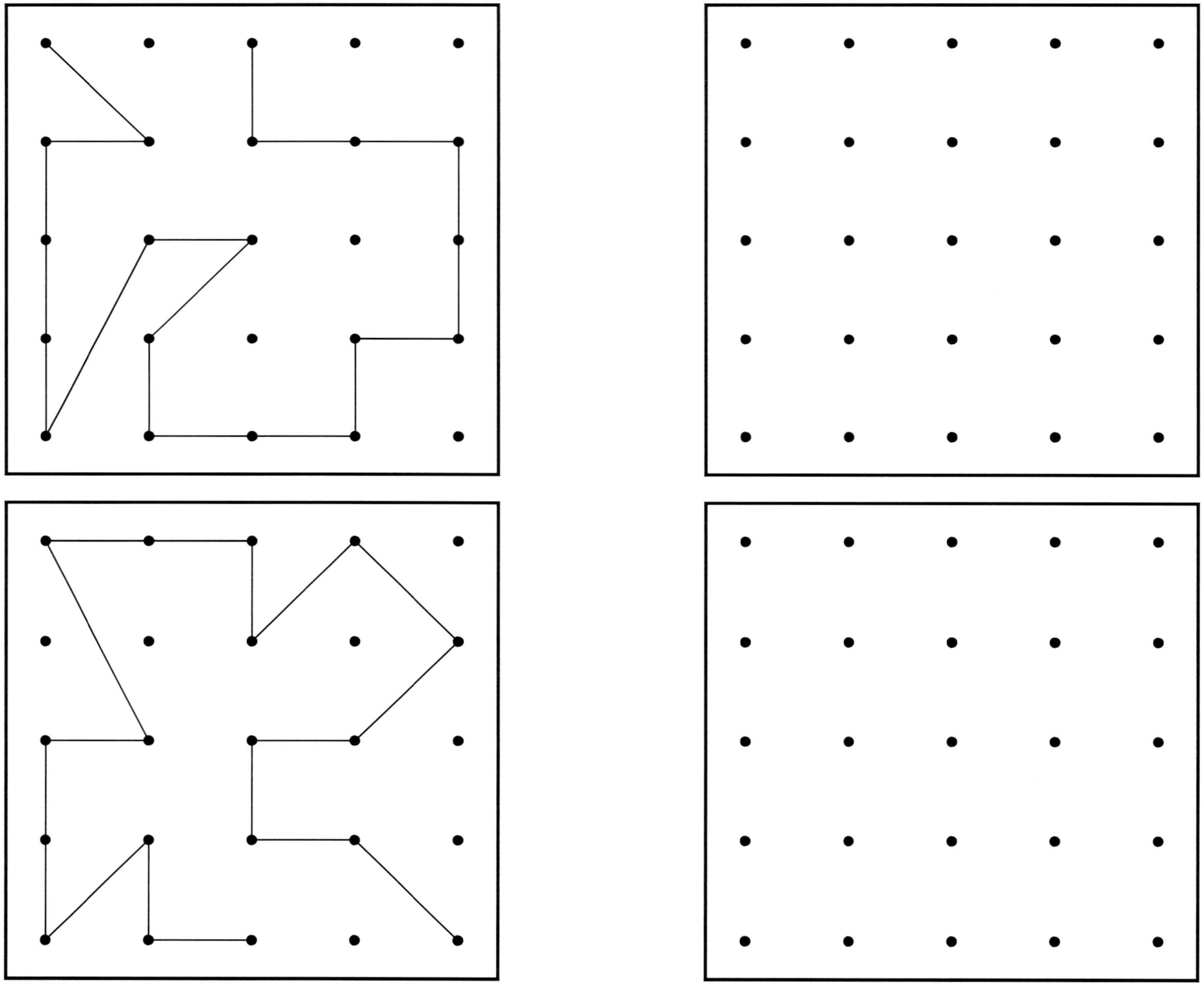

☆就実小学校

問題４１

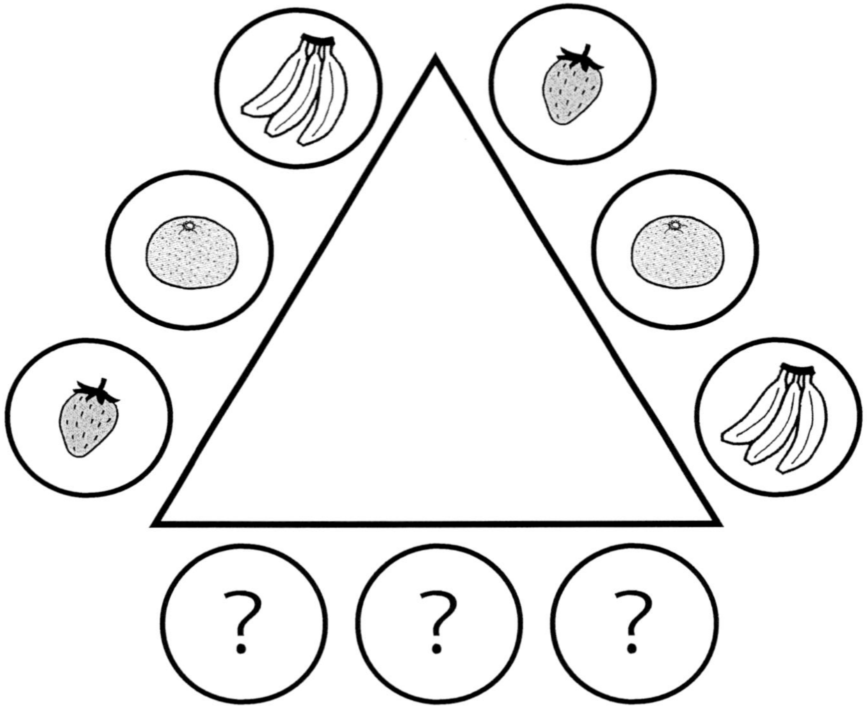

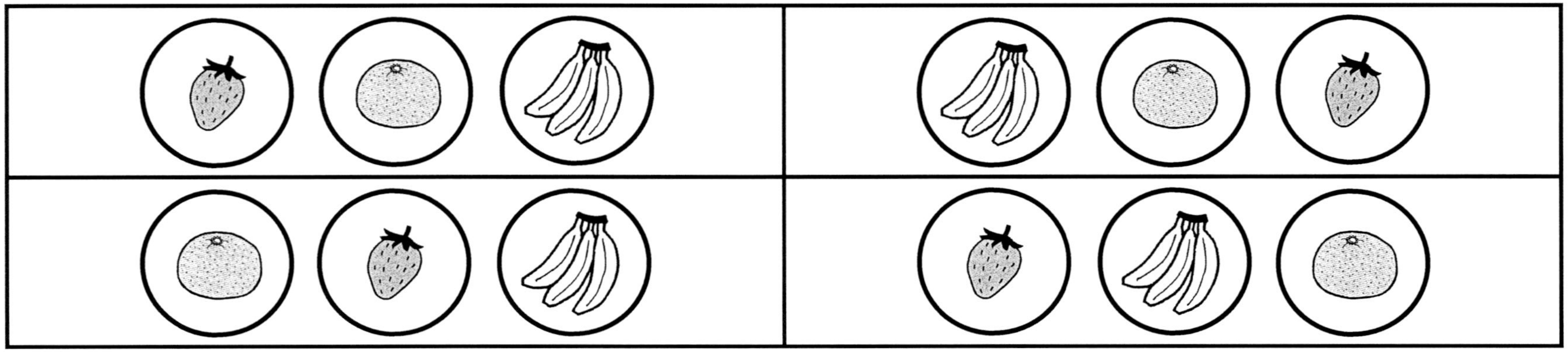

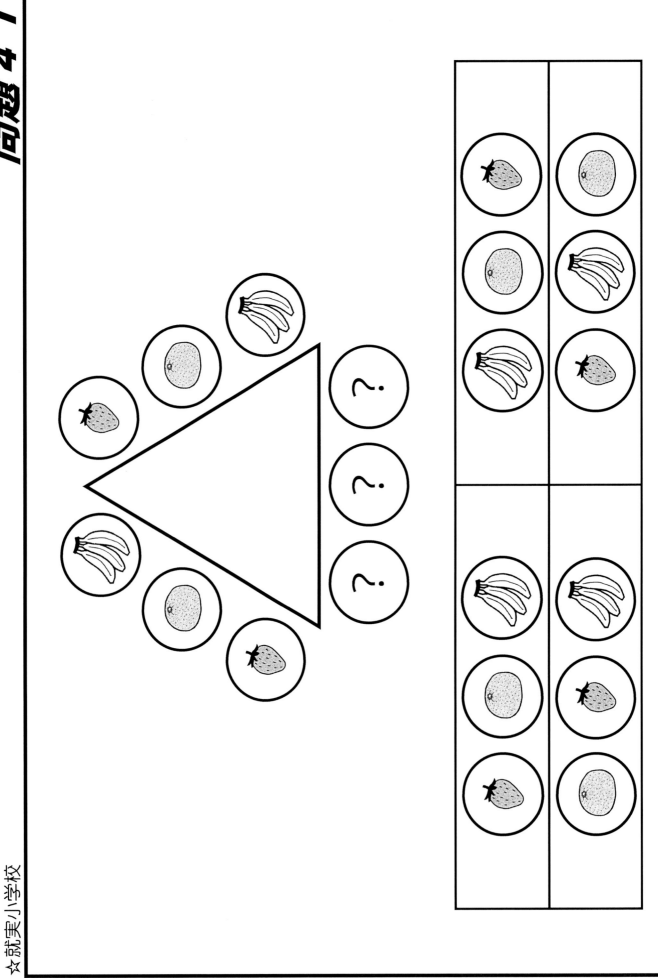

☆就実小学校

問題４２

①

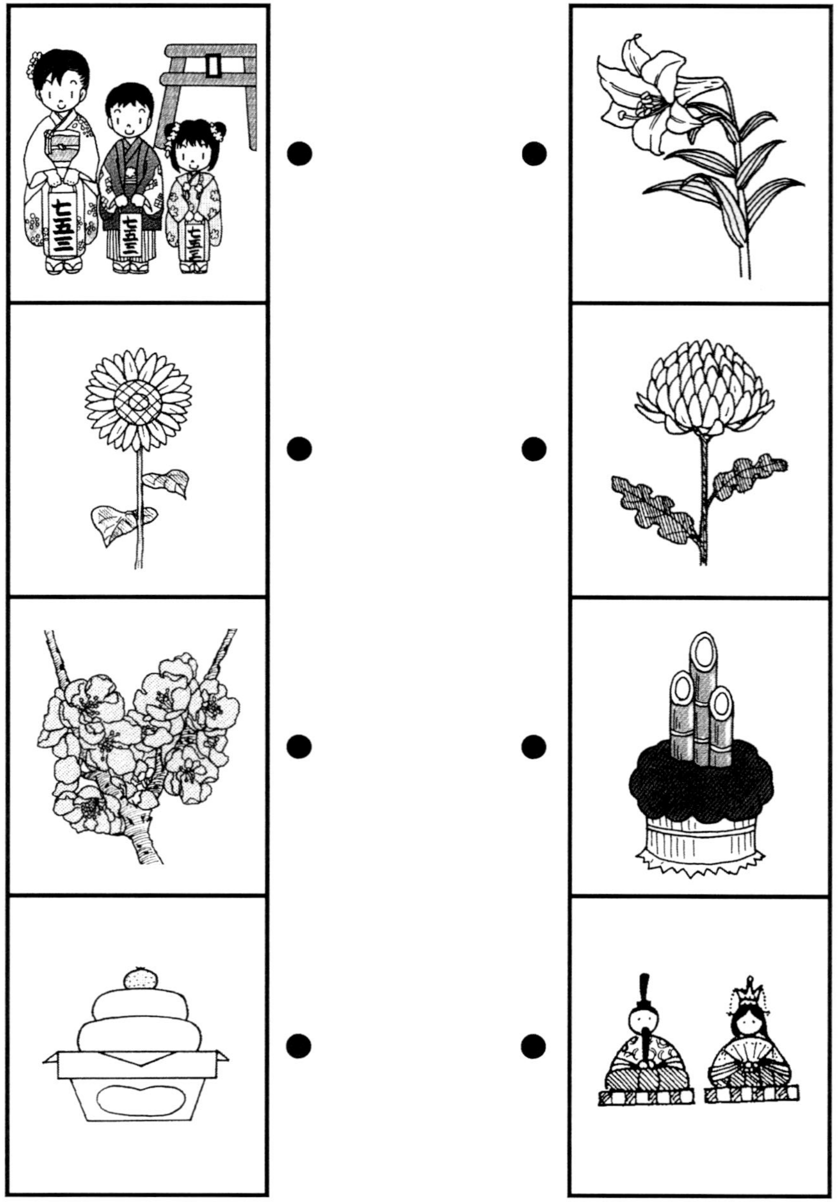

②

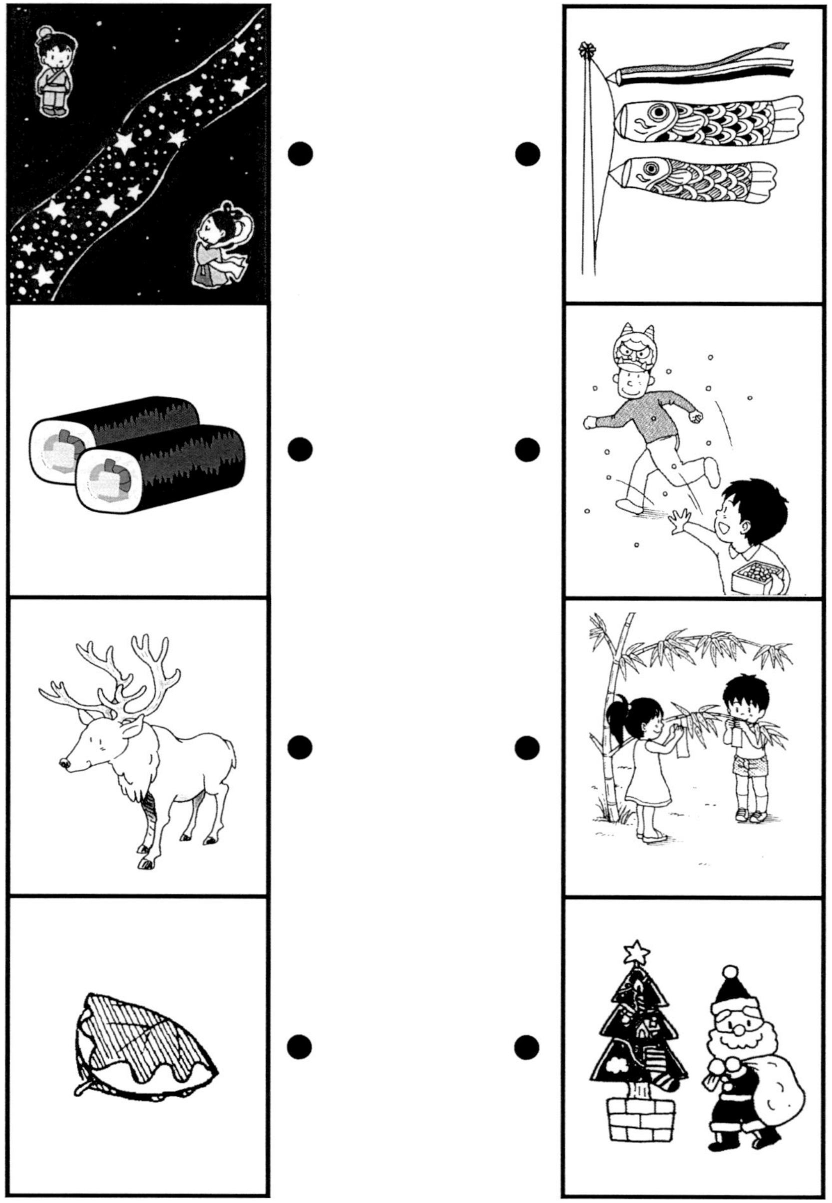

日本学習図書株式会社

☆就実小学校

問題４３

日本学習図書株式会社

2023年度 ノートルダム清心・就実 過去 無断複製／転載を禁ずる

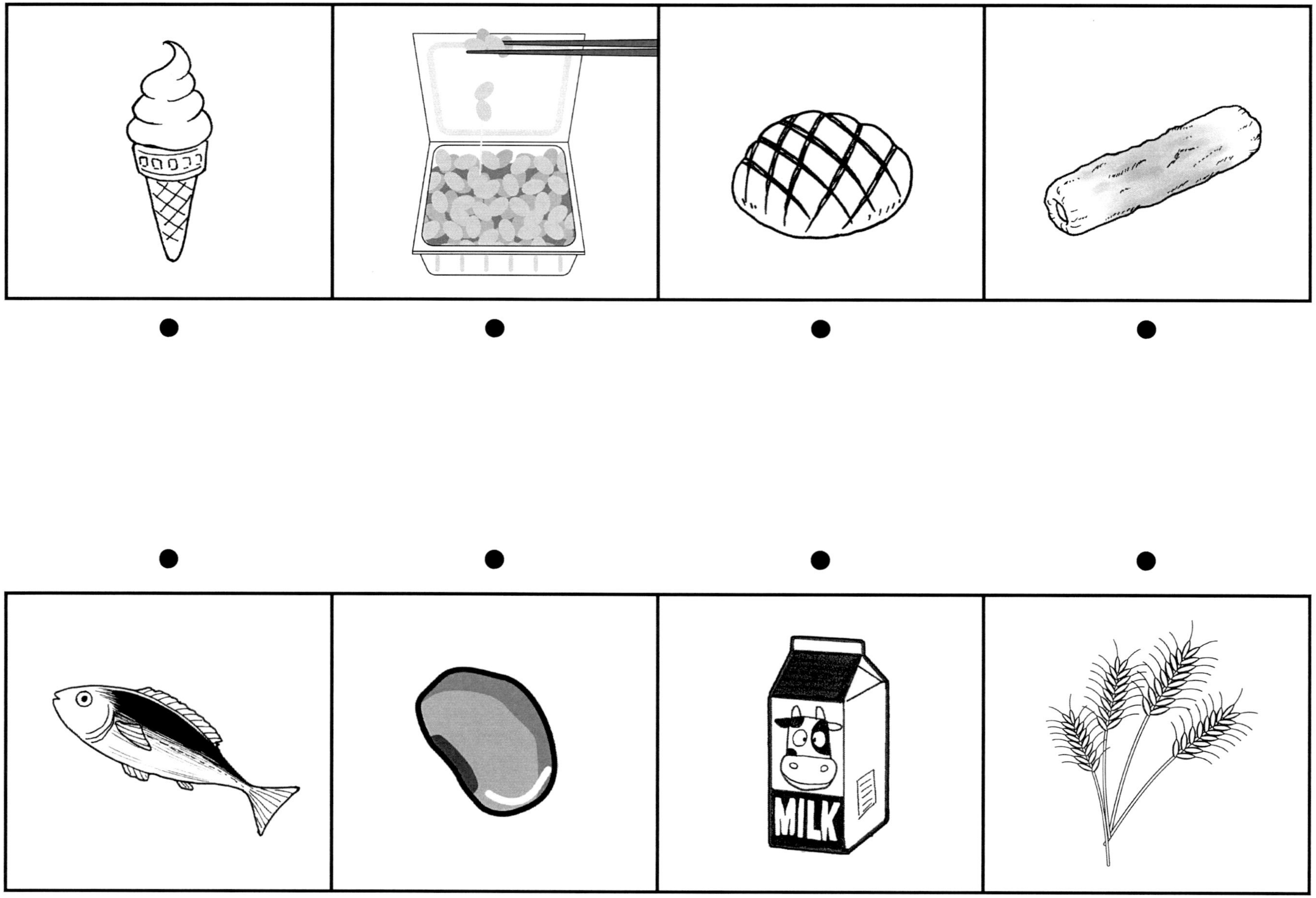

問題４４

問題４５

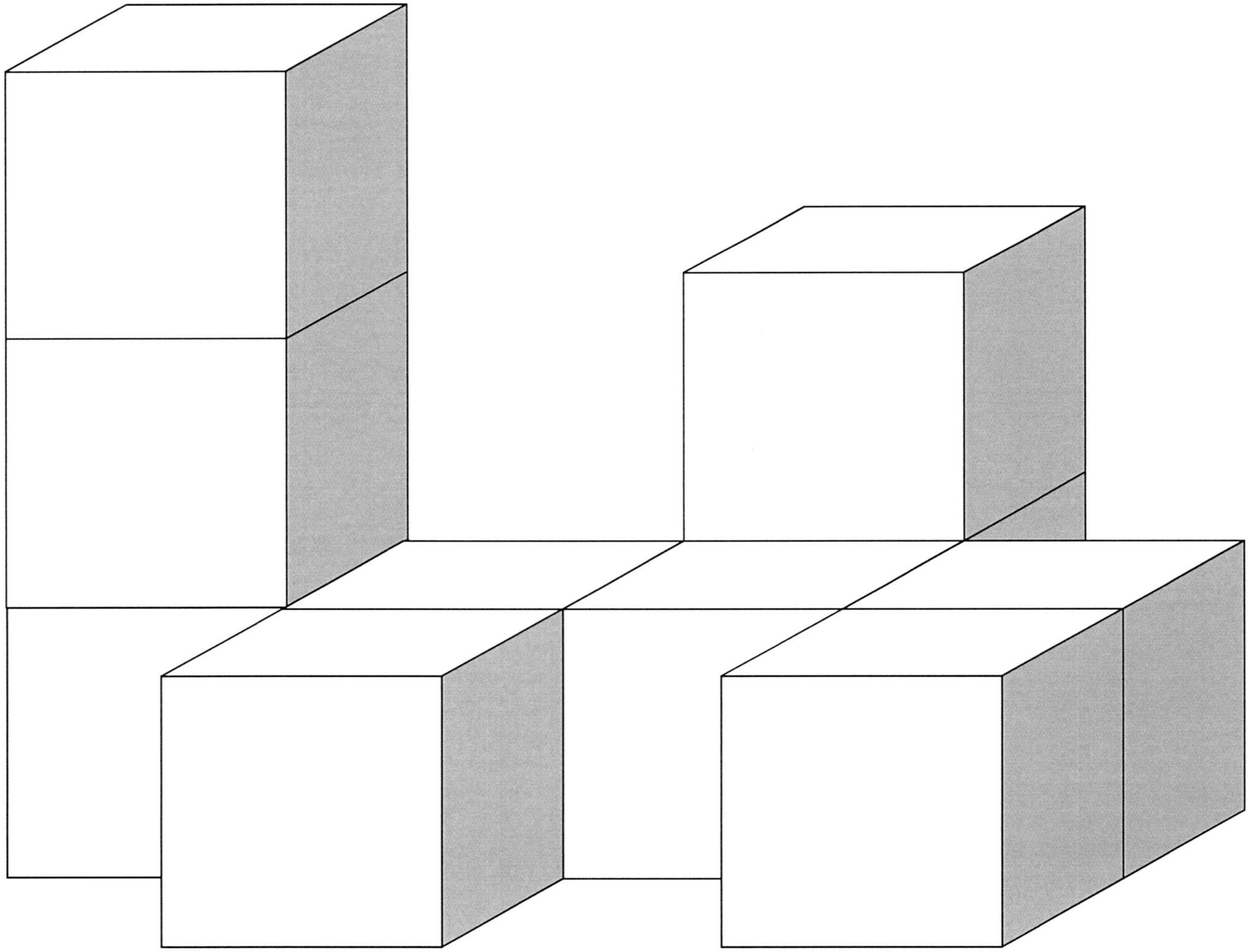

2022年度入試
解答例・学習アドバイス

解答例では、制作・巧緻性・行動観察・運動といった分野の問題の答えは省略されています。こうした問題では、各問のアドバイスを参照し、保護者の方がお子さまの答えを判断してください。

問題34　分野：お話の記憶

〈解　答〉　①カバン・財布　②イチゴ、ミカン、バナナ　③○を３個塗る
④ブランコ　⑤ひまわり

このお話は内容的にも、分量的にも記憶のしやすい内容となっています。その分、読み聞かせの量によって差がつく問題といえるでしょう。お話の記憶は「こうしたらいいよい」という特効薬のようなものは存在しません。お話の記憶の力を高める方法として、土台となるものが読み聞かせといわれています。これは、ＤＶＤを見せるなどとは違います。と申し上げるのも、肉声と録音されたものとでは、記憶に大きな差が生じます。入試でも、録音したものを使用すると、同じレベルの問題でも平均点は下がります。このことからも、保護者の方による読み聞かせがいかに重要であるかお解りいただけると思います。
今回のお話はお買い物に行く内容となっていますが、お買い物に行った経験の多少も記憶には影響します。また、設問⑤ではこのお話の季節を問われていますが、お話の中に季節そのものは出てきません。公園の周りの木からセミの鳴き声が聞こえる、という内容からこのお話の季節が夏だと導き出します。こうしたことも生活体験が影響します。普段生活する中で、セミが鳴いている＝夏のお話ということが自然とわかるでしょう。こうしたことはお話の記憶ではよくあることですから、対応できるようにしておきましょう。

【おすすめ問題集】
１話５分の読み聞かせお話集①②、お話の記憶 初級編・中級編、
Ｊｒ・ウォッチャー19「お話の記憶」

問題35　分野：言語（しりとり）

〈解 答〉　スイカ － カイ － イチゴ － ゴリラ － ラクダ － ダチョウ － ウチワ － ワニ

こうした問題を目にしたとき、慌てないことが最重要となります。焦りは余裕を無くし、余裕がないと思考力が落ちます。ですから、落ち着いて臨めるようにしましょう。絵がたくさん描いてありますが、内容はお子さまにも馴染みのあるしりとりの問題です。この問題は普段の遊びと大きな違いはありません。そう考えると落ち着いて臨めるのではないでしょうか。慌てて解答すると、途中で繋がらなくなり、焦ってしまいます。例えばスタートの時点で、左右どちらにもしりとりを繋げられます。しかし、右に行くと途中の「シカ」のところで終わってしまいます。そのような事態を招かないよう、しっかりと考えて線を引くようにしましょう。この問題では、線を書くとき道の両方の線に触れないようにとは言われていませんが、両端の線に触れずに線を書けるようしっかりと練習しましょう。問題内容は言語（しりとり）としていますが、巧緻性に関することも採点基準に入れることが出来る問題です。

【おすすめ問題集】
Ｊｒ・ウォッチャー49「しりとり」

問題36　分野：言語（同頭音）

〈解 答〉　①クマ － クツ、アサガオ － アシ、シマウマ － シカ、
ボタン － ボウシ
②トンボ － トンネル、クリ － クツシタ、アヒル － アスパラガス、
スカート － スイカ

言語の問題は、語彙の量が重要になってきます。これらは日常会話や読み聞かせによって、場所や時間を問わず身につけることができます。音遊びと称して、「はじめから○番目に「み」のつく言葉を言いましょう」「最初と終わりの音が同じものはなんでしょう」などの遊びを工夫することで、楽しく身につけられます。ぜひ試してみてください。言葉と実物の結びつきも併せてわかるように配慮することも大事なことです。この問題のチェックポイントとして、線が真っ直ぐ引けているか（蛇行していないか）、筆圧はどうか、点と点をしっかりと結べているかなども観てください。特に長い線をしっかりと書けることは大切です。ぜひ練習しておいてください。

【おすすめ問題集】
Ｊｒ・ウォッチャー17「言葉の音遊び」、18「いろいろな言葉」、
60「言葉の音（おん）」

問題37　分野：言語（音）

〈解 答〉　エンピツ、カンガルー、シンバル、トライアングル、リンゴ

この問題の一番のポイントは、最後の音が「ん」ではないものと問われているところです。先の問題では「同じ音で始まるもの」が問われていますから、質問内容が間逆になります。これは、お子さまが問題をしっかりと聞き、理解し、対応できるかという大きな観点が含まれています。こうした聞き分けがしっかりできていないと、入学後の授業にはついていけません。思いこみや早合点することなく、最後まで人の話を聞く訓練をしてください。
特に今回の問題では、全ての絵に「ん」が含まれています。そのことがよりお子さまを混乱させることとなるでしょう。当校の入試において差がつくと考えられる大切な問題といえます。また、誰が見ても○に見えるよう丁寧に記入することも大切です。しっかりと記号を書かないと、人によっては△や□に見えてしまうかもしれません。大切なことは採点者が一目でわかるように記号を書くということです。

【おすすめ問題集】
　Ｊｒ・ウォッチャー60「言葉の音（おん）」

問題38　分野：数量（数える）

〈解 答〉　トマト：5、ドングリ：8、△：4、リンゴ：3、クリ：9、イチゴ：7

数量の基本は数を数えることです。このようなことは、日常生活の中で知らず知らずのうちに身についてゆくものです。数を数えるときにつく助数詞なども同様です。「１切れ食べようね」「１枚だけでも食べてね」「７粒～…」などのように耳から入る言葉、そして目で確かめる、そのようなことから身に付いていきます。問題の絵を数えるときは、数える方向・順番を常に一定に定めておくことをおすすめします。と申し上げるのも、間違える原因として重複や数え忘れが多く見られるためです。ミスの共通点として、数える方向性が一定ではないということが上げられます。数える方向性を常に一定にすることでこれらのミスを防ぐことができますから身につけておきましょう。

【おすすめ問題集】
　Ｊｒ・ウォッチャー14「数える」、37「選んで数える」

問題39　分野：数量：（数の合成）

〈解 答〉　どんぐり：２と６、△：２と８、リンゴ：２と４と３

同じ「８」という数でも「８」にするには幾通りもの組み合わせがあります。これを学ぶには初めに「５」までの組み合わせをしっかり理解することです。「1が5こで」５、「２と３」で５、「４と１」で５、「１と２と３」で５～と、このように何通りか組み合わせながら数を数えて学んでいくと、数量に対する諸問題が難なく解決できます。「５」以上は「５に１」で６、「５に２」で７～ということが理解しやすくなります。数を数えるときは、頭で１・２・３～と数えるのではなく、物を数えるようにしていくことをおすすめします。この問題の難しい点は、合わせる数の指定がないことです。選択肢の数が指定されていればいくらか楽ですね。今回の問題はかなり難しいといえるでしょう。

【おすすめ問題集】
Ｊｒ・ウォッチャー41「数の構成」

問題40　分野：図形（点結び）

〈解 答〉　省略

点結びの一番大切なことは、書き出す最初の位置関係を正確に理解することです。ここで間違えると、線を進めているうちに書く場所がなくなってしまうことがよくあります。そうならないためにも、最初の場所を正確に把握することに集中しましょう。また、線を書くのは、縦と横だけとは限りません。斜め線も書くことがあります。特に点と点の間を通る直線は、線を書く長さが長くなるほど、難易度は増してきます。この斜め線を正確に引くことが、点結びの問題では力量の差が出るポイントです。問題を解くだけでなく、上から下へ、右上から左下へ、左上から右下へ、右から左へ、左から右への直線、曲線の練習をしておくとよいでしょう。これらの技術は模写だけに通用するものではなく、ほかの問題でも役に立ちます。しっかりした線は印象も良くなります。

【おすすめ問題集】
Ｊｒ・ウォッチャー1「点・線図形」、２「座標」、51「運筆①」、52「運筆②」

問題41　分野：数量（系列）

〈解 答〉 右上（左よりバナナ － ミカン － イチゴとなる）

系列の問題ですが、三角形になっている分、把握しにくいかもしれません。わかりにくい場合は、三角の頂点を切り離し、直線にして考えてみましょう。直線にすれば左から、バナナ － ミカン － イチゴの順に、右の方へ進んでいくことがわかると思います。混乱しやすい問題ですが、ミカンは常にバナナとイチゴに挟まれていることに気が付けば容易に解ける問題でもあります。この問題のように、普段目にしないパターンはそれだけでも難易度が高く感じられることがよくあります。それを回避するためにも、様々な出題パターンの問題に触れておくことをおすすめいたします。また、このような問題こそ落ち着いて臨むようにしてください。落ち付けば色々な思考を巡らせることができ、正解に近づくことができます。

【おすすめ問題集】

Ｊｒ・ウォッチャー６「系列」

問題42　分野：常識（季節）

〈解 答〉 ①七五三 － キク、ヒマワリ － ユリ、モモの花 － お雛様、飾り餅 － 門松
②七夕 － 笹、恵方巻 － 節分、トナカイ － クリスマス、柏餅 － こいのぼり

近年植物などはハウス栽培になり、季節感がなくなってきています。これを正していくには、図鑑などを利用するのがよいでしょう。また、季節の行事を行っている家庭も少なくなり、普段と同じ生活を送っている家庭が多くなってきているようです。こどもの日には店先に柏餅、菖蒲が出ます。関西では柏餅よりちまきが主に出るようです。柏の葉は子孫繁栄、ちまきは難を逃れる縁起の良いものと伝えられています。季節の行事は、仰々しい行事を行わないまでも、それらしいものを用意したり、本などを利用すれば、関心を持ち知識として残っていくでしょう。ここに描かれてある絵はどれも入学試験ではよく使用されるものばかりです。問題を解き終わったあと、絵を見て名称などを確認しておきましょう。

【おすすめ問題集】

Ｊｒ・ウォッチャー34「季節」

問題43　分野：常識（理科）

〈解答〉　ソフトクリーム － 牛乳、納豆 － 豆、パン － 麦、ちくわ － 魚

食べ物の素材の問題です。このような問題は、日常の食事時に話が出て既にご存知のお子さまも多いと思われます。点の取りやすい問題でもあるので、ケアレスミスの無いように注意しましょう。線もしっかり書くように指導してください。普段の食事では、食物の素材を知らずに食べているものがほとんどではないでしょうか。例えばサラダドレッシングはオイル、しょうゆ、塩、コショウ～と大体の原材料はわかりますが、オイルや醤油の原料は、と更に突き詰めた説明をする機会はあまりないかもしれません。身近な食べ物の素材や旬の季節などを大まかに説明するだけでも、お子さまにとっては大いに興味を引かれるのではないでしょうか。こうしたことは学習として行うよりも、買い物に行ったときやお手伝いをしている時の話題としてなど、座学以外の場面で習得するとよいでしょう。その方が楽しく学べると思います。

【おすすめ問題集】
Ｊｒ・ウォッチャー27「理科」、55「理科②」

問題44　分野：常識（マナー）

〈解答〉　省略

近年、常識問題の出題が全国的に増えています。背景として、コロナ禍によって生活の変化を余儀なくされ、外での生活体験活動が減少していることがあります。実体験が乏しい中で公共のマナーやルールをご指導されるのは大変なことと存じますが、入学後の共同生活において、マナーの習得は必要不可欠です。このような問題は、ご家庭でしっかりとマナーをご指導されているかどうかを見極める出題と取ることもできます。今回は図書館内での行動でしたが、大声で騒いだり、その場に相応しくない行動（逆立ちなど）が判断できるかどうかは、今後の生活の中で必ず役に立ちますので、しっかりとご指導してください。電車内、お店の中、道路など、マナーを必要とするところはまだまだありますから、ぜひお子さまとチェックしてみてください。また、保護者の方はスマートフォンの扱いには十分気をつけてください。お子さまはまだ小さく、判断も付きにくい年齢です。ましてご自身のスマートフォンなどは持っておられないでしょう。電車内で通話をしている母親を描いてもおかしいと思うお子さまは少数です。この原因をみなさんはどのように考えますか。

【おすすめ問題集】
Ｊｒ・ウォッチャー56「マナーとルール」

問題45　分野：図形（模倣積み木）

〈解　答〉　省略

日頃から積み木遊びなどに慣れていないと、平面図（イラスト）通り模倣して積み木を組み立てるのは難しく感じられるかもしれません。理由としては、イラストでは見えない部分を認識しにくいからです。お子さまが戸惑うようであれば、イラストを拡大してみてください。日頃積み木などの具体物で遊んでいると、高さの違いに気が付くはずです。まずはお子さまに積ませてみて、絵と同じがどうかを１箇所、１箇所確認してみましょう。そして、イラストと違うところはどうなっているのかを検証してください。こうした地道な作業を行うことで、見えない積み木の存在を知ることができます。積み木の問題の基本の形は下４つ上４つ、計８個の積み木を使用した立法体になります。この形をしっかりと理解しましょう。そうすれば、見えない積み木の存在を把握したり、積み木の絵と比較して、頭の中で変形させることで理解することができます。

【おすすめ問題集】
　Ｊｒ・ウォッチャー53「四方からの観察　積み木編」

問題46　分野：巧緻性（絵画制作）

〈解　答〉　省略

問題の意図はわかっていたでしょうか。△に折った折り紙の貼る位置によって、絵が描きにくくなる可能性があります。当校ではそのあたりも観察の視野に入っているものと思われます。話をきちんと聞いていれば、貼った後に絵を描く課題であることが頭にあるはずです。しっかり見ておいてください。また、貼った△を利用している絵になっているか、ただ貼りっぱなしになっているかで、試験官の評価も変わってくるでしょう。三角の折り方も、しっかり確認しておきましょう。描いた絵が上手かどうかよりも、描いているときの態度、道具の使い方、後かたづけなどの行動が重要視されています。しかし、もちろん絵を全く評価しないわけではありません。絵の方では、アイディアなどを評価されているでしょう。指示内容の複雑さを鑑みると、お子さまの対応力も評価されているものと思われます。

【おすすめ問題集】
　Ｊｒ・ウォッチャー22「想像画」、24「絵画」

問題47　分野：運動

〈解 答〉　省略

うまくできたかどうかも観察されているのはもちろんでしょうが、先生の話をしっかり聞いて行動しているか、先生の話を理解しているか、お手本をしっかり見ているか、やっているとき、待っているときの態度、などの行動を観察されているでしょう。体操もうまくやれるに越したことはありません。このような行動は生活の中で身につけることです。お子さまを通して、家庭教育もしっかり観られているものと考えましょう。運動テストというと、保護者の方は実技の方ばかりに意識が集中してしまうようですが、案外、待っているときの態度で大きな差がついていることはご存じでしょうか。例えば待つという行動１つ取ってみても、最初に終わったお子さまと、最後に終わったお子さまとでは、待つ時間は同じでも緊張感の流れは全く違います。前者は緊張感を保つことが難しいでしょうから、待つにしてもかなりの集中力が求められます。こういったことも想定して、待つ練習も取り入れてみてください。

【おすすめ問題集】
Ｊｒ・ウォッチャー28「運動」、29「行動観察」、新運動テスト問題集

問題48　分野：行動観察

〈解 答〉　省略

ドンじゃんけんやフリスビー投げも日頃の態度が出るゲームです。多人数でやるゲームは、特に負けたときやうまく飛ばなかったとき、ほかのお友だちができたとき、様々な態度がよく現れます。うまくできたから点数がよいのではなく、意欲的に、楽しく、マナーを守り協調性をもって取り組むことが求められる問題です。これもまた、家庭教育の観察と思っても過言ではありません。体を動かすことは、お子さまの学習にも効果的です。思いきり体を動かすことでストレスが発散され、集中力が増すと言われています。こうしたゲームのような内容は、学習というよりも、休憩や遊びとして取り入れると良いと思います。そして、ただやるだけでなく、自分たちでルールを決め、守ることも取り入れてみてはいかがでしょう。何よりも楽しく行うことが重要です。

【おすすめ問題集】
Ｊｒ・ウォッチャー29「行動観察」

問題49　分野：保護者面接

〈解 答〉　省略

目的や考えがあって志願したのか、何となくの志願なのか、ご家庭でよく話し合っておくことをおすすめします。問題の全体を通して見る限り、家庭環境や家庭教育をしっかり評価されていると考えられます。これは入学してから、本人やほかのお友だちにもにも大きく影響するからです。面接は、１つの質問から関連した質問に続くことが多いようです。
令和５年度には受験者の個別面接も用意されているようです。面接テストに関しては、ここだけでは書ききれません。保護者面接対策なら「保護者のための面接最強マニュアル」を、お子さまの面接対策なら「家庭で行う面接テスト問題集」をご利用ください。試験官の視点からの詳細なアドバイスは、入試対策に大いに役立つと思います。できるだけ多くのアドバイスを掲載しておりますので、しっかりとした対策が可能です。ぜひ、両書籍をご利用ください。

【おすすめ問題集】
新 小学校受験の入試面接Ｑ＆Ａ、家庭で行う面接テスト問題集、
保護者のための面接最強マニュアル

就実小学校　専用注文書

年　月　日

合格のための問題集ベスト・セレクション

＊入試頻出分野ベスト３

1st　数　量

集中力　聞く力　観察力

2nd　言　語

聞く力　思考力　知　識

3rd　常　識

知　識　聞く力　観察力

当校の問題は、あらゆる分野から幅広く出題されます。見本と同じ絵を探す問題や欠所補完の問題のような集中力と観察力が必要となる問題が多いので、得意分野にしておきましょう。

分野	書　名	価格(税込)	注文	分野	書　名	価格(税込)	注文
図形	Ｊｒ・ウォッチャー 1「点・線図形」	1,650 円	冊	数量	Ｊｒ・ウォッチャー 41「数の構成」	1,650 円	冊
図形	Ｊｒ・ウォッチャー 2「座標」	1,650 円	冊	言語	Ｊｒ・ウォッチャー 49「しりとり」	1,650 円	冊
推理	Ｊｒ・ウォッチャー 6「系列」	1,650 円	冊	巧緻性	Ｊｒ・ウォッチャー 51「運筆①」	1,650 円	冊
言語	Ｊｒ・ウォッチャー 14「数える」	1,650 円	冊	巧緻性	Ｊｒ・ウォッチャー 52「運筆②」	1,650 円	冊
言語	Ｊｒ・ウォッチャー 17「言葉の音遊び」	1,650 円	冊	図形	Ｊｒ・ウォッチャー 53「四方からの観察　積み木編」	1,650 円	冊
言語	Ｊｒ・ウォッチャー 18「いろいろな言葉」	1,650 円	冊	常識	Ｊｒ・ウォッチャー 55「理科②」	1,650 円	冊
記憶	Ｊｒ・ウォッチャー 19「お話の記憶」	1,650 円	冊	常識	Ｊｒ・ウォッチャー 56「マナーとルール」	1,650 円	冊
巧緻性	Ｊｒ・ウォッチャー 22「想像画」	1,650 円	冊	言語	Ｊｒ・ウォッチャー 60「言葉の音（おん）」	1,650 円	冊
巧緻性	Ｊｒ・ウォッチャー 24「絵画」	1,650 円	冊		新運動テスト問題集	2,420 円	冊
常識	Ｊｒ・ウォッチャー 27「理科」	1,650 円	冊		1話5分の読み聞かせお話集①②	1,980 円	各　冊
運動	Ｊｒ・ウォッチャー 28「運動」	1,650 円	冊		お話の記憶 初級編・中級編・上級編	2,200 円	各　冊
観察	Ｊｒ・ウォッチャー 29「行動観察」	1,650 円	冊		家庭で行う面接テスト問題集	2,200 円	冊
常識	Ｊｒ・ウォッチャー 34「季節」	1,650 円	冊		保護者のための入試面接最強マニュアル	2,200 円	冊
数量	Ｊｒ・ウォッチャー 37「選んで数える」	1,650 円	冊		新小学校受験の入試面接Q＆A	2,860 円	冊

合計	冊	円

（フリガナ） 氏　名	電　話 ＦＡＸ E-mail
住 所　〒　　　－	以前にご注文されたことはございますか。 有　・　無

★お近くの書店、または記載の電話・FAX・ホームページにてご注文をお受けしております。
電話：03-5261-8951　FAX：03-5261-8953　代金は書籍合計金額＋送料がかかります。
※なお、落丁・乱丁以外の理由による商品の返品・交換には応じかねます。

★ご記入頂いた個人に関する情報は、当社にて厳重に管理致します。なお、ご購入の商品発送の他に、当社発行の書籍案内、書籍に関する調査に使用させて頂く場合がございますので、予めご了承ください。

日本学習図書株式会社
http://www.nichigaku.jp

家庭学習をトータルサポート！ ニチガクのオリジナル 効果的 学習法

1 まずは アドバイスページを読む！

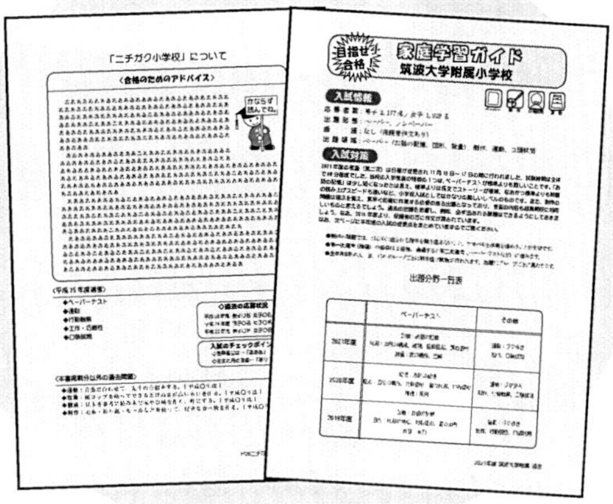

ピンク色です

対策や試験ポイントがぎっしりつまった「家庭学習ガイド」。分野アイコンで、試験の傾向をおさえよう！

2 問題をすべて読み、出題傾向を把握する

3 「学習のポイント」で学校側の観点や問題の解説を熟読

4 はじめて過去問題にチャレンジ！

5 プラスα 対策問題集や類題で力を付ける

過去問のこだわり

最新問題は問題ページ、イラストページ、解答・解説ページが独立しており、お子さまにすぐに取り掛かっていただける作りになっています。
ニチガクの学校別問題集ならではの、学習法を含めたアドバイスを利用して効率のよい家庭学習を進めてください。

各問題のジャンル

問題7 分野：図形（図形の構成） Aグループ男子

〈解答〉 下図参照

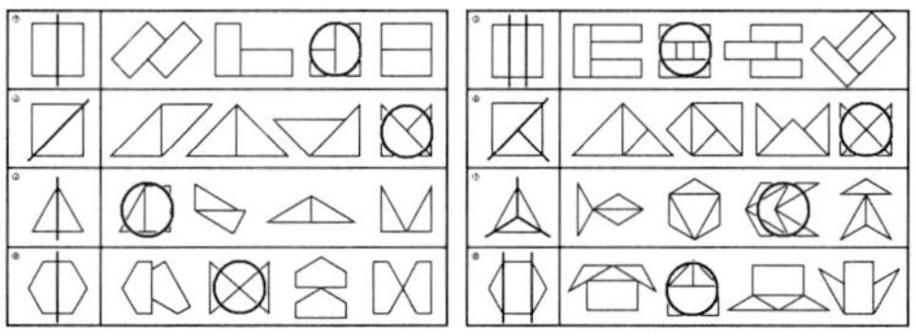

図形の構成の問題です。解答時間が圧倒的に短いので、直感的に答えないと全問答えることはできないでしょう。例年ほど難しい問題ではないので、ある程度準備をしたお子さまなら可能のはずです。注意すべきなのはケアレスミスで、「できないものはどれですか」と聞かれているのに、できるものに○をしたりしてはおしまいです。こういった問題では基礎とも言える問題なので、もしわからなかった場合は基礎問題を分野別の問題集などでおさらいしておきましょう。

【おすすめ問題集】
★筑波大附属小学校図形攻略問題集①②★（書店では販売しておりません）
Jr・ウォッチャー9「合成」、54「図形の構成」

学習のポイント

各問題の解説や学校の観点、指導のポイントなどを教えます。
今日から保護者の方が家庭学習の先生に！

おすすめ対策問題集

分野ごとに対策問題集をご紹介。苦手分野の克服に最適です！
＊専用注文書付き。

2023年度版 ノートルダム清心女子大学附属小学校
就実小学校 過去問題集

発行日 2022年9月21日
発行所 〒162-0821 東京都新宿区津久戸町 3-11-9F
日本学習図書株式会社
電 話 03-5261-8951 ㈹

ISBN978-4-7761-5460-0
C6037 ¥2500E
9784776154600
定価 2,750円
（本体2,500円＋税10%）
1926037025009

詳細は http://www.nichigaku.jp 日本学習図書 検索